C.H.BECK WISSEN

in der Beck'schen Reihe

Jörg Klinger bietet eine kompakte, gut lesbare Einführung in die Geschichte eines der bedeutendsten Völker Vorderasiens. Er erläutert die Ursprünge hethitischer Sprache und Kultur, beschreibt den Aufstieg der Hethiter im 2. Jahrtausend v. Chr. unter ihren Herrschern Hattusili I. und Mursili I. und bietet einen Überblick über den Verlauf der hethitischen Geschichte. Dabei werden die Wesenszüge hethitischer Herrschaft, Gesellschaft, Wirtschaft sowie des Rechts und der Religion ebenso erhellt wie das Nachleben der Hethiter und die kulturellen Kontinuitäten.

Jörg Klinger lehrt als Professor für Altorientalistik an der Freien Universität Berlin. Die Erforschung der Sprache, Geschichte und Kultur der Hethiter bildet einen Schwerpunkt seiner wissenschaftlichen Arbeit.

Jörg Klinger

DIE HETHITER

Verlag C. H. Beck

Mit zwei Karten auf dem vorderen und hinteren Vorsatz
sowie sieben Abbildungen im Text

Originalausgabe

Gesamtherstellung: Druckerei C. H. Beck, Nördlingen
Umschlagabbildung: Einer von zwei aufgezäumten Stieren – vielleicht heilige Stiere des Wettergottes –, innen hohl, mit trichterförmiger Ein- und Ausgußöffnung auf dem Rücken, also tierförmige Gefäße; 16. Jahrhundert v. Chr., gebrannter Ton, rot und cremeweiß bemalt, hochpoliert; Höhe rund 90 cm. Ankara, Archäologisches Museum. Photo: The Art Archive/Dagli Orti
Umschlagentwurf: Uwe Göbel, München
Printed in Germany
ISBN 978 3 406 53625 0

www.beck.de

Inhalt

I. Die Wiederentdeckung der hethitischen Kultur

I.I. Die Wiederentdeckung der Hethiter und ihrer Hauptstadt

Im Unterschied zu anderen großen Kulturen der vorgriechischen Antike wie jener der Ägypter oder auch der Assyrer war die der Hethiter weitestgehend aus dem historischen Bewußtsein der Nachwelt verschwunden. So schrieb Herodot, von dem die erste Beschreibung des Felsreliefs am Karabel stammt, dieses Relief dem ägyptischen Pharao Sesostris III. (1872–1852 v. Chr.) zu. Dabei zeigt es, ganz in hethitischer Tradition gehalten, mit Tarkasnawa von Mira einen Vasallen eines hethitischen Großkönigs aus dem 14./13. Jahrhundert v. Chr. Als die Darstellung in der ersten Hälfte des 19. Jahrhunderts von dem französischen Reisenden Charles Teixier wiederentdeckt wurde, teilten die zeitgenössischen Ägyptologen nach wie vor die Meinung Herodots.

Lediglich die Bibel bewahrte einige wenige, allerdings kaum aussagekräftige Erinnerungen an die hethitische Kultur. David läßt Urias, den Hethiter, töten, aber einer seiner Krieger war selbst Hethiter, und mit den «Hethitern» des späthethitisch-luwischen Fürstentums Hamat war David verbündet. Aber alle diese «Hethiter» der Bibel waren nicht Angehörige der Kultur, an die wir heute zuerst denken, wenn wir den Begriff Hethiter hören, die zunächst die Geschichte Zentralanatoliens, dann die des größten Teils Kleinasiens bis in die Anfänge des 12. vorchristlichen Jahrhunderts hinein prägte. Die biblischen Hethiter waren vielmehr Vertreter der späthethitisch-luwischen Kultur Nordsyriens des 1. Jahrtausends, gewissermaßen die Erben des hethitischen Großreiches, auf die unsere heutige Bezeichnung «Hethiter» oder «hethitisch» durch Luthers Übersetzung zurückgeht, da sie in den Völkerlisten der Bibel knapp zwei dutzendmal genannt sind. Die Hethiter selbst sprachen in ihren

Texten nur vom KUR ^{URU}*Ḫatti* dem «Land Hatti». Eine Volksbezeichnung im eigentlichen Sinne existierte nicht; «Hethiter» war, wer Untertan des Königs in Hattusa war. Und die eigene Sprache bezeichneten die Hethiter mit einem vom Namen der alten Metropole des altassyrischen Handels Kanes (bei der heutigen türkischen Stadt Kültepe gelegen), das auch Nesa hieß, abgeleiteten Adjektiv, das in Hethitisch *kanesili* bzw. *nesili*, d. h. also «(ka)nesisch» lautete.

Als sich im Laufe des 19. Jahrhunderts im Zuge des wachsenden Interesses an Geschichte und Kultur des Vorderen Orients und Ägyptens die Aufmerksamkeit zunehmend dem Bereich des östlichen Mittelmeers zuwandte, waren es zuerst die materiellen Hinterlassenschaften der späthethitischen Staaten Nord- und Mittelsyriens, die Aufmerksamkeit hervorriefen. Nichts lag näher, als diese Fundstücke wie Stelen, Reliefs, Tierdarstellungen usw., die teilweise mit unentzifferbaren Schriftzeichen bedeckt waren, mit den in der Bibel erwähnten Hethitern in Verbindung zu bringen, die ja die nördlichen Nachbarn Kanaans sein sollten.

Zeitlich parallel zu den Versuchen, die Keilschrift und die ägyptischen Hieroglyphen zu entschlüsseln, wurden im Jahre 1812 durch den Schweizer J. L. Burckhardt in Westeuropa auch die ersten «hethitischen» Hieroglypheninschriften bekannt, die man nach ihrem Fundort als «Hama-Steine» bezeichnete. Schon damals registrierte man allerdings ganz richtig, daß diese Schrift nichts mit den Schriftzeichen der altägyptischen Inschriften zu tun hatte. Als in den Jahrzehnten nach 1850 die ägyptischen und auch die mesopotamischen Quellen immer intensiver ausgewertet werden konnten, entstand allmählich das Bild einer «hethitischen» Großmacht, die als ebenbürtiger Gegner der vorderasiatischen Großmächte des 2. Jahrtausends gelten mußte und deren Zentrum man aufgrund des damaligen Wissensstandes nach wie vor im syrischen Raum vermutete.

Unklar blieb deshalb lange die Beziehung dieser hethitischen Großmacht mit unbekanntem Zentrum zu den Entdeckungen, die verschiedene Forschungsreisende in Kleinasien gemacht hatten. Im Sommer 1834 hatte der im offiziellen Auftrag tätige französische Architekt Charles Teixier auf der anatolischen Hochebene die antiken Ruinen einer Stadt von beträchtlicher Größe wiederentdeckt, die er freilich noch für die Reste des von Herodot beschriebenen Pteria hielt. Die Veröffentlichungen Teixiers erregten in Europa große Aufmerksamkeit, und so wurden zunehmend auch Zentral- und Ostanatolien auf der Suche nach Resten antiker Kulturen zu Reisezielen verschiedener Forscher und Abenteurer. Zeichnungen der teilweise monumentalen Gebäudeüberreste, die Reliefs eines benachbarten Felsheiligtums und ein erster Plan der Ruinenstadt, den Teixier erstellt hatte, sowie vor allem die ersten Photographien fokussierten das immer größere Interesse auf diesen bedeutenden Fundplatz bei dem türkischen Dorf Boğazköy, heute Boğazkale. Das Hauptaugenmerk der archäologischen Forschung in Frankreich lag aber, trotz dieser vielversprechenden Funde, nicht auf Kleinasien, sondern vielmehr auf dem mesopotamischen Raum, wo in den 1880er und 1890er Jahren französische Konsularbeamte schließlich aktiv werden konnten und mit Ausgrabungen begannen. Mit dem wachsenden wirtschaftlichen Engagement des deutschen Kaiserreiches auf dem Gebiet des Osmanischen Reiches, vor allem im Bereich der Rüstung und des Eisenbahnbaus, bot sich Anatolien als Feld für eine kulturelle Zusammenarbeit für die deutsche Seite geradezu an, zumal die alten Kolonialmächte in den anderen Regionen des Vorderen Orients in dieser Hinsicht einen großen Vorsprung hatten. Doch nicht nur in Berlin richtete sich das Interesse besonders auf die Ruinen von Boğazköy, auch in London war man aufmerksam geworden. A. H. Sayce, ein britischer Archäologe, der sich besonders mit den nordsyrischen Funden beschäftigt hatte, verfocht die These, daß zwischen diesen «hethitischen» Hinterlassenschaften und den Funden in Kleinasien eine Verbindung bestehen mußte. Im Jahre 1882 hatte der deutsche Gelehrte Carl Humann, der eigentlich im Auftrag des bedeutenden Altertumswissenschaftlers Theodor Mommsen das Monumentum Ancyranum dokumentieren sollte, auf dem Kaiser Augustus (27 v. Chr.–14. n. Chr.) bis 10 n. Chr. seinen Tatenbericht hinterlassen hatte, auch einen Abstecher nach Boğazköy unternommen. Bei dieser

Gelegenheit fertigte er, auf eine Anregung des englischen Archäologen W. M. Ramsays hin, Gipsabgüsse der hethitischen Reliefs von Yazilikaya an, die wiederum in Berlin große Aufmerksamkeit erregten. Und so entstand in beiden Ländern parallel der Plan, Ausgrabungen an diesem Ort durchzuführen, doch zunächst gelang aus den verschiedensten Gründen keiner Seite, dies auch in die Tat umzusetzen.

In der Zwischenzeit wurden immer mehr Ruinen und vor allem Felsreliefs in Kleinasien entdeckt und publiziert, so daß schließlich in den Jahren 1893/4 wiederum von französischer Seite durch Ernest Chantre, der auch in Alaca Höyük und Kültepe tätig war, erste Versuchsgrabungen an den zentralen Punkten der Stadtruine von Boğazköy wie dem Bereich des Großen Tempels oder des Burgberges Büyükkale unternommen wurden. Dabei stieß er auf die ersten Tontafelfragmente, doch noch immer galt es als wahrscheinlicher, daß etwa das am Euphrat in Nordsyrien gelegene Karkemisch die Hauptstadt eines Hethiterreiches gewesen sein mochte, als die rätselhafte Stadtruine in Anatolien. In Frankreich sah man zudem den wachsenden Einfluß Deutschlands, das die Konzessionen für den Bau einer Eisenbahn in Anatolien erhalten hatte, mit großer Skepsis. So unterstützten offizielle französische Stellen die archäologischen Unternehmungen zunächst mit namhaften Finanzmitteln, doch schon die zweite Expedition mußte Chantre dann zum größten Teil privat finanzieren. Durch einige unbedachte Äußerungen – so klagte er über die bürokratischen Hemmnisse, die seine Arbeit unnötig verzögern würden – kam es aufgrund dieser Vorwürfe zu einer Verstimmung auf türkischer Seite, so daß man in Frankreich zu dem Entschluß gelangte, die anatolischen Unternehmungen lieber nicht weiterzuverfolgen, um andere auf dem Gebiet des Osmanischen Reiches nicht dadurch zu gefährden.

Um 1900 waren Keilschrifttafeln für einen geübten Philologen in der Regel lesbar, Chantres Boğazköy-Texte entzogen sich jedoch dem Verständnis, da sie zwar lesbar, aber in einer bisher völlig unbekannten Sprache abgefaßt waren. Noch einige Jahre vor den Funden Chantres waren bei den Ausgrabungen im ägyptischen Tell el-Amarna (vgl. S. 50) im Jahr 1887 unter den zahlreichen Briefen aus den Resten eines diplomatischen Archives u. a. auch zwei Briefe entdeckt worden, die ebenso unverständlich waren, da sie nicht in akkadischer Sprache abgefaßt waren, wie es im diplomatischen Verkehr des 2. Jahrtausends v. Chr. eigentlich üblich war. Den Berliner Keilschriftforscher Hugo Winckler ließ der Gedanke nicht los, daß zwischen dem Absender dieser Briefe, die man in Ägypten gefunden hatte, dem König eines Landes Arzawa (damals noch Arsapi gelesen), das man in Kleinasien vermutete, und den Keilschrifttafeln, die Chantre entdeckt hatte, ein Zusammenhang bestehen mußte. Er suchte im Jahre 1905 die Unterstützung des Direktors des Archäologischen Museums in Istanbul, Osman Hamdi Bey, und des Kurators des Museums, Theodor Makridi Bey, um nach Boğazköy reisen zu können, wo er die Hauptstadt des Königs von Arzawa vermutete. Zur gleichen Zeit hielt sich A. H. Sayce ebenfalls in Istanbul, damals noch Konstantinopel, auf und versuchte von dort aus, in England die finanziellen Mittel zur Umsetzung seiner Ausgrabungspläne in Boğazköy aufzubringen, benötigte aber zuerst von den türkischen Stellen eine offizielle Genehmigung. Lange war man der Meinung, daß zunächst nach mühevollen Verhandlungen das Archäologische Institut der Universität Liverpool, das von dem bedeutenden englischen Gelehrten J. Garstang geleitet wurde, auf den diese Darstellung zurückgeht, im Jahre 1905 die Erlaubnis für eine Ausgrabung in Boğazköy erhalten habe. Kurz darauf sei aber auf eine direkte Intervention des Sultans hin die bereits schriftlich erteilte Genehmigung widerrufen und statt dessen der deutschen Seite zugeteilt worden. Neueste Archivforschungen, sowohl im Auswärtigen Amt in London wie in der Universität Liverpool, liefern aber keinerlei Belege für diese Version.

Im Herbst desselben Jahres war dann tatsächlich Hugo Winckler in Konstantinopel erfolgreich und reiste von dort aus mit Th. Makridi Bey, als Vertreter des Ottomanischen Museums, für einige Tage nach Boğazköy. Er hatte etwas mehr Glück als seine Vorgänger, denn unter den Tontafeln, die er in den Ruinen aufsammeln konnte, fanden sich einige wenige Exemplare in akkadischer Sprache, die unschwer als Teile der diplomatischen

Korrespondenz eines Großkönigs zu erkennen waren. Daraufhin erreichte er es, eine Vereinbarung mit den türkischen Behörden zu schließen, die die Aufnahme der Arbeit in Boğazköy ermöglichte, deren Leitung vor Ort Th. Makridi Bey selbst übernehmen sollte. Damit konnten die Untersuchungen der Ruinen beginnen, was man freilich in England mit einiger Verärgerung zur Kenntnis nahm, doch die Versuche Garstangs in den Jahren 1908 und 1911, doch noch eine Grabungslizenz zu erhalten, scheiterten.

Hugo Winckler aber kehrte schon 1906 wieder nach Boğazköy zurück, diesmal auf einen längeren Aufenthalt und eine gründlichere Untersuchung des Platzes vorbereitet. Doch obwohl Winckler nicht das fand, was er eigentlich gesucht hatte, nämlich die Hauptstadt von Arzawa, war er von fast unglaublichem Glück begünstigt. Nicht nur stieg die Zahl der Tontafeln und Tontafelfragmente binnen kurzer Zeit auf über 2500 an, die allein in der ersten Kampagne im Jahre 1906, dem eigentlichen Beginn der Ausgrabungen, gefunden wurden, sondern unter den vielen Texten, die zu diesem Zeitpunkt noch völlig unverständlich waren, entdeckte er einige ganz besondere Tontafeln, davon eine, deren Inhalt ihm sogar bereits bekannt war. Es handelte sich um ein Fragment des Friedensvertrages zwischen Ramses II. von Ägypten und dem hethitischen Großkönig Hattusili III. von Hatti, der in seiner ägyptischsprachigen Fassung jedem Altorientalisten bestens vertraut war. Damit aber konnte es kaum mehr einen Zweifel geben, daß die Ruinen von Boğazköy mit der hethitischen Hauptstadt Hattusa identisch waren, dem Zentrum des hethitischen Großreiches, das man lange in Nordsyrien, aber nicht im Norden der anatolischen Hochebene, rund 200 km von der heutigen Hauptstadt der Türkei, Ankara, entfernt, gesucht hatte. Winckler und Makridi setzten ihre von der Deutschen Orientgesellschaft finanzierten Ausgrabungen auch 1907 fort, gleichzeitig arbeitete ein Team des Deutschen Archäologischen Instituts unter O. Puchstein vor Ort. Zunächst unregelmäßig, dann durch den Ersten Weltkrieg unterbrochen, fortgesetzt 1931 bis 1939, wurde die systematische Erforschung des Stadtareals durchgeführt, die kriegsbedingt nach einer mehrjährigen Unterbrechung von 1951 bis heute kontinuierlich andauert und eines der ertragreichsten Ausgrabungsprojekte im Bereich der altorientalischen Kulturen darstellt.

1.2. Die naturräumlichen Bedingungen und die Ruine von Hattusa

Die Gegend, in der sich die Ruinen der alten hethitischen Hauptstadt befinden, weist heute ein Klima auf, das durch sehr heiße und trockene Sommer geprägt ist und im Winter sehr kalt sein kann, so daß Schnee keine Seltenheit darstellt. Die Landschaft ist steppenartig, und der wenige Wald in unmittelbarer Nachbarschaft verdankt sich rezenten Aufforstungsbemühungen. Vor vier bis fünf Jahrtausenden war dies nachweislich ganz anders; damals wies die Landschaft eine viel reichere Vegetation auf, ausgedehnte Wälder bedeckten die Höhen, und für Ackerbau und Viehzucht herrschten gute Voraussetzungen, so daß auch größere Menschenansammlungen die Möglichkeit hatten, sich zu ernähren.

Weitaus bedeutender jedoch als die spätere Hethiterhauptstadt war zunächst in der zweiten Hälfte des 3. Jahrtausends, d. h. in der anatolischen Frühbronzezeit, das nur rund 25 km entfernt gelegene Alaca Höyük, das der Engländer W. J. Hamilton im Jahre 1837 wiederentdeckte. Die reich mit den verschiedensten Metallgegenständen ausgestatteten Steinkistengräber der lokalen Fürsten, die in die Zeit von ca. 2200 bis 2000 v. Chr. datiert werden können, belegen den kulturellen Aufschwung der gesamten Region. Im Museum der Provinzhauptstadt Çorum finden sich heute eindrucksvolle Nachbildungen der Grabanlagen. Auf den Abdeckungen der Gräber lagen Stierköpfe, Hunde waren direkt neben den Menschen bestattet. Für die Beigaben wurden überwiegend Gold, Silber, Kupfer und Bronze, ganz selten Eisen verwendet, aus denen tiergestaltige – meist Stier- oder Hirschfiguren – Standartenaufsätze geformt wurden oder aus geometrischen Formen gebildete Scheiben oder Bögen, an denen Anhänger befestigt waren. Ein Prunkstück der Bronzefunde aus Alaca Höyük stellt einen von Stieren flankierten

Hirsch unter einem Bogen dar. Selten sind dagegen menschengestaltige Darstellungen. Vergleichbare Funde sind auch aus den Ausgrabungen von Horoztepe, Eskiyapar oder Mahmatlar bekannt.

Im Bereich von Hattusa lassen sich für die spätere Frühbronzezeit im 3. Jahrtausend v. Chr. und die anschließenden Perioden zunächst einige kleinere Siedlungen im flacheren Gelände nördlich des späteren Stadtareals und in geringer Anzahl auch schon im ansteigenden Gelände nachweisen. Manche dieser Siedlungsplätze weisen mehrere Bauphasen auf, doch stehen eingehendere Untersuchungen noch aus. Die eigentliche Geschichte von Hattusa setzt endgültig spätestens um die Wende vom 3. zum 2. Jahrtausend im Bereich von Büyükkale (Bauschichten V und IV) ein, das durch seine Lage besonders begünstigt war; einerseits gab es eine kontinuierliche Wasserversorgung durch Quellen, andererseits war ein gewisser Schutz durch die Felsen gegeben. Dennoch waren die Anfänge noch immer bescheiden und blieben es bis in die Zeit der altassyrischen Handelskolonien hinein; im Verlauf des ersten Viertels des 2. Jahrtausends gewann die Siedlung dann allmählich an regionaler Bedeutung. Als Indiz hierfür darf man werten, daß in dieser Zeit eine kleinere Vertretung für die altassyrischen Händler am Ort entstand, denen wir auch die ersten Schriftzeugnisse aus Hattusa verdanken. Es handelt sich um einige Briefe und Urkunden in altassyrischer Sprache und Schrift, die überwiegend der jüngeren Phase der Handelsaktivitäten zuzuordnen sind. Wie andernorts auch in Anatolien fehlen in dieser Phase Texte in einer einheimischen Sprache, aber immerhin erfahren wir durch sie zum ersten Mal den Namen der Stadt: Hattus.

Bis in die althethitische Zeit konzentrierte sich die Siedlungstätigkeit und damit die Bebauung auf den nördlichen Bereich des späteren Stadtareals, wobei die Bauten auf der Höhe von Büyükkale selbst in ihrem Zuschnitt erkennen lassen, daß hier der Sitz eines lokalen Fürsten war, an den sich in Richtung Nordwesten talwärts eine Unterstadt anschloß. Entgegen den älteren Befunden haben die archäologischen Untersuchungen der letzten Jahre gezeigt, daß bereits in dieser Zeit eine Befestigungsanlage existierte, die die Siedlung umschloß und für die man bereits von einer Größe von rund 75 ha ausgehen kann. Ob außerhalb der Befestigung noch weitere Bauten existierten, ist noch nicht zu beantworten. Zusammen mit der Mauer wurden die ersten der großen Siloanlagen mit einem Fassungsvermögen von 4000 bis 6000 Tonnen Getreide errichtet, die durch ein Feuer zerstört wurden. Aufgrund von C14-Daten – eine heute unverzichtbare Datierungsmethode für archäologische Funde, die auf dem meßbaren Zerfall des radioaktiven Kohlenstoffisotops C14 beruht – kann man das Ende dieser Bauphase in das erste oder das zweite Viertel des 16. Jahrhunderts datieren. Der für den Herrschersitz gewählte Platz auf dem schmalen Rücken von Büyükkale erwies sich aber als so ideal, daß nicht nur die hethitischen Könige hier ihren Palast bauen sollten – noch in phrygischer Zeit und bis ins 3. Jahrhundert n. Chr. befanden sich hier repräsentative Bauten.

Bereits kurz nach diesen Zerstörungen, d. h. also noch im 16. Jahrhundert v. Chr., sind auch erste Bauten im Bereich der späteren Oberstadt von Hattusa nachzuweisen – d. h. entgegen der noch bis vor kurzem vertretenen Auffassung, daß der Ausbau der Hauptstadt im Zuge des 13. Jahrhunderts als Werk der letzten hethitischen Könige in Hattusa erfolgt sei, also zu einem Zeitpunkt, als ihre Macht eigentlich bereits im Schwinden begriffen war. Zu den ersten Bauten in der Oberstadt gehörten wiederum Siloanlagen, die jedoch bereits im 15. Jahrhundert wieder aufgegeben wurden, um an derselben Stelle die sogenannten «Südteiche», d. h. große Wasserspeicher, anzulegen. Nach den Keramikfunden scheinen diese Teiche ebenfalls nicht bis zum Ende genutzt worden zu sein. Insgesamt weist also auch die Oberstadt eine viel längere Baugeschichte auf, parallel zu den anderen Stadtbereichen, so daß man heute davon ausgehen kann, daß der Ausbau der Stadt kontinuierlich und im Gleichklang mit dem Aufstieg der Hethiter selbst verlief. Es wäre auch mehr als seltsam gewesen, wenn die hethitischen Könige während der längsten Zeit ihrer Präsenz in der Stadt den topographisch gesehen höher gelegenen Teil der Stadt nicht genutzt hätten. Es wäre für jeden Feind ein leichtes gewesen, die Stadt von dort aus anzugreifen, zumal die Vorratsanlagen sogar völlig schutzlos gewesen wären, wenn die Befestigungsmauer tatsächlich erst im 13. Jahrhundert errichtet worden wäre. Vielmehr hat sich bei neueren Untersuchungen gezeigt, daß schon spätestens seit dem 15. Jahrhundert das gesamte Stadtareal, d. h. einschließlich der Oberstadt mit diversen Kultbauten zusammen mit den Speicheranlagen und den älteren Wohnbereichen unter Sarıkale, durch eine Befestigungsanlage geschützt war. Die gesamte Fläche der Stadt hatte sich damit gegenüber der althethitischen Zeit mehr als verdoppelt und umfaßte nun ca. 180 ha.

Im Laufe der Jahrhunderte, in denen die Stadt den hethitischen Königen als Zentrum eines immer größer werdenden Reiches diente, wurden natürlich Teile der Stadt oder besonders wichtige Bauten wie die zentralen Tempel oder vor allem der eigentliche Herrschersitz, die Königsburg auf Büyükkale, immer wieder erneuert, umgebaut oder gänzlich neu gestaltet. So läßt sich in der Unterstadt wie auch auf der Burg oder im Bereich der Oberstadt eine ganze Reihe von Bauphasen unterscheiden. So wurde etwa im 14. Jahrhundert die Burg auf Büyükkale komplett neu gestaltet und hatte von dieser Zeit an nichts mehr mit dem schlichten Herrschersitz der Anfänge gemeinsam. Die Anlage umfaßte schließlich ein Areal von 250 x 140 m mit einer ganzen Anzahl verschiedener Gebäude, mit Gassen und Höfen und mit zwei, allenfalls drei Zugängen. Am repräsentativsten war dabei sicherlich das Südtor, an der Südspitze des Burgberges gelegen, den man heute nur über eine schmale Treppe erreichen kann. Damals aber konnte der hethitische König von der Oberstadt her über einen auf monumentalen Quadern aufsitzenden Viadukt mit einer Länge von 100 m direkt mit dem Streitwagen in seine Residenz gelangen. Die Gebäude auf der Burg hatten ebenfalls teilweise monumentalen Zuschnitt, so rekonstruiert man für das Audienzgebäude eine 32 x 32 m messende Halle. Die meisten der Gebäude waren mehrgeschossig und in einer ganzen Reihe davon fanden sich reiche Tontafelarchive; allein in dem 36 x 34 m großen Gebäude A eine Bibliothek mit mehr als 5000 Tontafeln.

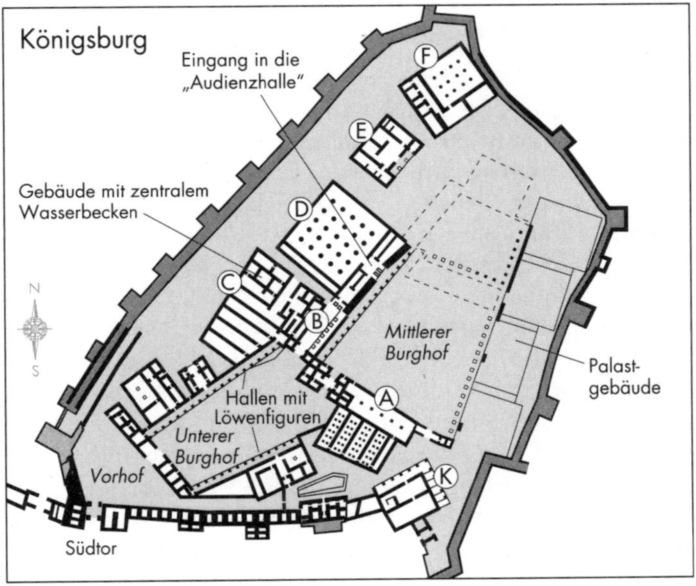

Die Königsburg auf dem Büyükkale

Die Burg selbst, wie auch andere Bereiche der Stadt, wurde kurz nach 1200 v. Chr. durch ein Feuer zerstört, allerdings war sie da wohl bereits verlassen und hatte ihre Funktion verloren. Gleichzeitig endet damit die Bronzezeit in Anatolien; in der anschließenden Epoche der frühen Eisenzeit blieb Hattusa weiterhin ein Siedlungsplatz. Allerdings verteilten sich jetzt auf dem ehemaligen Stadtareal mehrere mehr oder weniger isolierte Siedlungen, bei deren Anlage die ursprünglichen Bereiche bevorzugt wurden; dazu gehörten Büyükkaya und die Unterstadt, auf Büyükkale sind nur geringe Siedlungsreste nachweisbar. Doch weder die Größe noch die Qualität der Architektur stehen in irgendeiner Beziehung zu den Glanzzeiten der hethitischen Epoche und wir wissen auch nicht, ob die Stadt noch immer Hattusa hieß.

1.3. Die Entschlüsselung der hethitischen Sprache

Die Ähnlichkeit zwischen den beiden sogenannten Arzawa-Briefen aus Tell el-Amarna und den Tafeln, die E. Chantre in den Ruinen von Boğazköy aufgelesen hatte, war für H. Winckler einer der wesentlichen Gründe, sich den Ruinen von Boğazköy zuzuwenden. Doch es waren die Funde von Tontafeln in akkadischer Sprache, bei denen es sich meist um Teile der diplomatischen Korrespondenz oder von Staatsverträgen handelte, die die hethitischen Könige mit ihren Nachbarn geschlossen hatten, die für H. Winckler und die gesamte damalige Forschung einen enormen Gewinn an Fakten und historischen Einsichten lieferten. Zahlreiche Informationen aus ägyptischen Quellen, aus dem Amarna-Archiv oder aus Mesopotamien, die bis dahin noch ganz isoliert waren, schienen sich plötzlich in ein geschlossenes Bild einzufügen.

Doch noch immer fehlte ein ganz wesentlicher Baustein zur Lösung des «hethitischen Problems» – noch war die Sprache der Texte unverständlich, in der die meisten Tafeln aus Boğazköy abgefaßt waren, also die Sprache der Hethiter selbst. Es sollte aber nur ein knappes Jahrzehnt vergehen, bis auch in dieser Frage der entscheidende Durchbruch gelang. Hugo Winckler, mit dem die wissenschaftliche Erforschung der hethitischen Hauptstadt eigentlich begann, starb am 19. April 1913 und hat diesen Moment nicht mehr erleben können.

Dabei lag die Lösung nahe, noch bevor die eigentlichen Ausgrabungen in der hethitischen Hauptstadt überhaupt begonnen hatten. Schon im Jahr 1902 hatte der dänische Indogermanist J. A. Knudtzon ein Buch mit dem Titel «Die zwei Arzawa-Briefe, die ältesten Urkunden in indogermanischer Sprache» publiziert. Knudtzon versuchte in diesem Buch, den Nachweis zu führen, daß der Sprachbau der beiden Briefe aus Amarna sich nur als zur indogermanischen Sprachfamilie gehörig erklären lasse. Doch er erntete für diese These nahezu einhelligen Widerspruch, so daß er schließlich selbst von seiner Annahme wieder abrückte, obwohl er noch aus heutiger Sicht erstaunlich viel Richtiges erkannt hatte.

Um diese Reaktion der Wissenschaft verstehen zu können, muß man sich in Erinnerung rufen, daß im Zuge des 19. Jahrhunderts die Frage, welche sprachlichen und ethnischen Gruppen in antiker Zeit in Kleinasien ansässig waren, von Altphilologen und Indogermanisten ausgesprochen kontrovers diskutiert wurde. Das lag zum Großteil an dem mehr als mangelhaften inschriftlichen Material, das zur Verfügung stand. Erst P. Kretschmer gelang mit seinem Standardwerk «Einleitung in die Geschichte der griechischen Sprache» von 1896 eine gewisse Klärung, die sich allerdings für die Erforschung des Hethitischen als Hindernis erweisen sollte. Kretschmer hatte dezidiert die Auffassung vertreten, daß im älteren Kleinasien, d. h. vor allem vor der Einwanderung der Phryger gegen Ende des 2. Jahrtausends, mit keinen indogermanischen Sprachen zu rechnen sei. J. A. Knudtzons These stand in direktem Widerspruch zur herrschenden Lehrmeinung; allerdings waren auch so namhafte Altorientalisten der Zeit wie F. Delitzsch oder E. F. Weidner mit ihren Deutungsversuchen der Texte aus Hattusa einer Lösung nicht nähergekommen.

Als dann F. Hrozný, der spätere Rektor der Prager Universität, in seinem kurzen Artikel «Die Lösung des hethitischen Problems» (1915), dem wenig später eine ausführlichere monographische Darstellung folgte, zunächst in knappen Zügen seine Deutung des Formenbaus der hethitischen Sprache mit Hilfe des Indogermanischen vorlegte, war die Mehrheit der Forscherkollegen noch keineswegs überzeugt. Einerseits war die Art der Darstellung daran nicht schuldlos, da sich Hrozný häufig auf noch unpubliziertes Textmaterial stützte und manches deshalb nur schwer überprüfbar war. Andererseits zeigte sich jedoch mehr und mehr, daß seine in der Regel aufgrund einer kombinatorischen Analyse gewonnenen Interpretationen von grammatischen Formen methodisch unanfechtbar waren, während die etymologisch begründeten Übersetzungsvorschläge oft deutlich weniger überzeugten.

Es erwies sich für die weitere Forschung als ein besonders glücklicher Umstand, daß es im Jahre 1915 O. Weber gelungen war, zwischen dem Berliner Pergamonmuseum und dem Museum in Istanbul zu vereinbaren, einen Großteil der in Boğazköy gefundenen Texte bis zum Abschluß ihrer wissenschaftlichen Aufarbeitung auszuleihen. Auf diese Weise war es möglich, trotz des Ersten Weltkrieges sofort mit einer intensiven Aufarbeitung des Materials zu beginnen. Alle auf diese Weise nach Berlin gekommenen Texte, auch der allerdings kleine Teil der noch unveröffentlichten, wurden in den 1980er Jahren von der DDR-Regierung an die Türkei zurückerstattet, wo sie heute im Museum von Ankara zusammen mit den später gefundenen Texten aufbewahrt werden.

Einer der ersten, der die günstigen Arbeitsmöglichkeiten in Berlin nutzte, war der Schweizer E. O. Forrer, dem die Hethitologie eine ganze Reihe wesentlicher Erkenntnisse zu verdanken hat – so veröffentlichte er u. a. eine exzellente Liste der von hethitischen Schreibern verwendeten Keilschriftzeichen in ihren spezifischen Varianten und Bedeutungen oder den richtungsweisenden Versuch, alle in den Texten aus Boğazköy überlieferten Sprachen zu identifizieren, wenn auch nicht im einzelnen zu deuten. Ein weitaus größeres Echo in der interessierten Öffentlichkeit löste E. Forrer freilich mit seiner im Jahre 1924 publizierten These aus, in den hethitischen Texten seien auch die «vorhomerischen» Griechen erwähnt. Was sowohl aufgrund allgemein historischer Überlegungen als auch angesichts der geographischen Gegebenheiten eigentlich gar nicht so sensationell klang, löste dennoch eine in ihrer Heftigkeit aus heutiger Sicht kaum mehr nachvollziehbare Debatte aus. Für E. Forrer selbst, der sicherlich kein ganz einfacher Charakter war, hatte der von scharfer Polemik und persönlichen Anfeindungen geprägte Streit höchst unangenehme Konsequenzen, machte er ihn doch zu einer wissenschaftlichen Unperson. Die Kontroverse um die sogenannte «Ahhijawa-Frage», d. h. die Frage, ob die hethitischen Texte tatsächlich Hinweise auf die griechische Frühgeschichte und die mykenische Besiedlung Westkleinasiens enthielten, blieb innerhalb der hethitologischen Forschung zunächst unentschieden.

In der Nachfolge des Streites nahm die Hethitologie eine eher skeptische Haltung gegenüber der «Griechen-These» Forrers ein, die sich erst seit den 1980er Jahren zunehmend wandelte. Dabei waren vor allem die Rekonstruktion der politischen Geographie Westkleinasiens nach den hethitischen Texten und die Erkenntnis, welche große Rolle das mit dem Hethitischen eng verwandte Luwische im Westen und Süden spielte, wesentlich, denn erst so wuchs das Verständnis für die Form der Überlieferung «griechischer» Orts- und Personennamen in hethitischen Quellen. Die zunehmende Aufmerksamkeit, die die Hethitologie gerade auch für die aktuelle Troia-Forschung gewonnen hat, unterstreicht dies zusätzlich – auch wenn hier das Pendel in der jüngsten Zeit wohl wieder ein wenig zu sehr in die andere Richtung ausgeschlagen hat und manche spekulativen Thesen über die Stellung Troias und einer luwischen Gesellschaft in Westkleinasien in ihrer Bedeutung überschätzt werden.

1.4. Das Hethitische und die Sprachwissenschaft

Unbestritten ist, daß E. Forrer in diesen frühen Jahren für die Ausbildung der Hethitologie als eigenständiger Forschungsdisziplin ein enormes Verdienst zukam. Seine Liste der in den Tontafeln aus Boğazköy verwendeten Keilschriftzeichen und seine Bände mit Umschriften hethitischer Texte schufen für viele andere überhaupt erst den Zugang zu den hethitischen Quellen. Denn man darf nicht übersehen, daß diese Quellen gleichsam quer zu den etablierten Fachgrenzen lagen. Der Keilschriftphilologe verfügte in aller Regel über eine semitistische Grundausbildung, während Sprachwissenschaftler mit Keilschrifttexten wenig anzufangen wußten, so daß den allermeisten ein eigenständiger philologischer Zugang zum inschriftlichen Material gar nicht möglich war. In dieser Situation kam dem Indogermanisten F. Sommer eine entscheidende Rolle zu. Zunächst noch sehr skeptisch gegenüber Hrozný, vor allem aus methodischen Gründen, eignete er sich das philologische Rüstzeug an und wurde schließlich der wichtigste Vertreter einer indogermanischen Deutung des Hethitischen.

Eine unerwartete Entdeckung ganz anderer Art wiederum war von großer Bedeutung für die historisch-vergleichende

Sprachwissenschaft. Aufgrund methodisch-theoretischer Überlegungen F. de Saussures zum Phonemsystem der indogermanischen Grundsprache hatten vor allem H. Möller und A. Cuny die sogenannte Laryngaltheorie entwickelt. Diese Theorie zur lautlichen Entwicklung der verschiedenen indogermanischen Sprachen postulierte im Grunde die Existenz eines oder mehrerer Phoneme, eben der sogenannten Laryngale, ohne die bestimmte Prozesse auf der lautlichen Ebene nicht zu erklären waren, die sich selbst aber nicht nachweisen ließen, da sie in keiner der bekannten indogermanischen Einzelsprachen erhalten geblieben waren. Diese lange vor der Entdeckung des Hethitischen oder seiner anatolischen Schwestersprachen einsetzende Grundsatzdiskussion unter den Indogermanisten nahm eine überraschende Wendung, als erstmals im Jahre 1927 erkannt wurde, daß diese Theorie sich gerade durch das Hethitische zu bestätigen schien. Damit war freilich auch die Diskussion um die Details der Laryngaltheorie noch lange nicht abgeschlossen, jedoch ist aus heutiger Sicht unstrittig, daß das Hethitische einen ganz entscheidenden Einfluß darauf hatte, daß heute kaum ein Vertreter der vergleichenden Sprachwissenschaft die Laryngaltheorie an sich grundsätzlich in Frage stellt.

Gleichzeitig machte diese Entdeckung deutlich, welche Rolle die Erforschung der altanatolischen indogermanischen Sprachen für die vergleichende Sprachwissenschaft insgesamt spielen konnte. Heute gehört die Beschäftigung mit dem anatolischen Sprachzweig der indogermanischen Sprachen an zahlreichen indogermanistischen Instituten zum Alltag – einer der Gründe dafür ist, daß die hethitischen Texte die ältesten bekannten schriftlichen Quellen einer indogermanischen Sprache überhaupt sind. Das Hethitische ist also der älteste Vertreter der großen Sprachfamilie, der das Deutsche, das Englische oder Französische, aber auch Latein und Griechisch und viele andere noch gesprochene oder bereits ausgestorbene Sprachen angehören. Lange Zeit waren es das Altindische und das Griechische, die das Bild dieser allen Sprachen historisch vorausgehenden sogenannten indogermanischen Grundsprache geprägt hatten und auf die sich Karl Brugmann, einer der Hauptvertreter der junggrammatischen Schule, in seinem Standardwerk «Grundriß der vergleichenden Grammatik der indogermanischen Sprachen» vor allem gestützt hatte, wobei sein Modell der indogermanischen Grundsprache einen fast autoritativen Anspruch vertrat. Doch heute kommt für eine ganze Reihe grundsätzlicher Fragestellungen im Zusammenhang mit der Rekonstruktion der Ursprünge und der verschiedenen Entwicklungen innerhalb der indogermanischen Sprachfamilie dem Hethitischen große Bedeutung zu, da es sich ganz erheblich in seinem Sprachbau zum Beispiel gerade vom Griechischen unterscheidet. Mit der Erforschung dieser in Keilschrift überlieferten Sprachen und ihrer Nachfolger in Kleinasien stellten sich Fragen ganz neu, was an den traditionellen Vorstellungen über die Struktur dieser gemeinsamen Grundsprache tatsächlich als alt zu gelten hat, zum Beispiel wie viele Genera (grammatische Geschlechter) und welche Kasus (Fälle) ursprünglich anzunehmen sind, welche Tempora (Zeiten) und welche Modi (Formen) bereits früh ausgebildet waren oder was sich erst späteren Entwicklungen verdankte – eine Diskussion, die bis heute im Gange ist.

Zu den ältesten indogermanischen Sprachen aus Kleinasien gehört also an erster Stelle das Hethitische, das auch am besten bezeugt ist; die meisten der Keilschrifttexte aus Hattusa sind in Hethitisch verfaßt. Eng verwandt mit dem Hethitischen ist das Luwische, von dem es ebenfalls Texte in Keilschrift gibt. Aber das Luwische war auch die Sprache der Hieroglyphenschrift, die die Hethiter verwendeten; deshalb spricht man auch von Keilschriftluwisch und Hieroglyphenluwisch, unterscheidet also zwei Dialekte dieser Sprache. Hinzu kommt schließlich für das 2. Jahrtausend v. Chr. noch das Palaische, eine weitere mit dem Hethitischen verwandte Sprache, die aber nur durch relativ wenige keilschriftliche Texte bezeugt ist und schon früh, d. h. wohl noch in der althethitischen Zeit ausgestorben ist. Diese aus dem 2. Jahrtausend in Kleinasien bezeugten Sprachen haben sich weiterentwickelt, und dabei sind zum Teil neue Sprachen entstanden, die aber meist nur durch relativ wenige und zudem sehr kurze Inschriften bezeugt sind, die alle in das 1. vorchristliche Jahrtausend datiert werden und die ebenfalls in verschiedenen Regionen Kleinasiens gesprochen wurden; dazu zählt man Lydisch, Lykisch (A und B), Pisidisch, Sidetisch und das erst in jüngerer Zeit entzifferte Karische, die sich mit großer Wahrscheinlichkeit alle im wesentlichen aus dem Luwischen entwickelt haben. Das Hethitische scheint dagegen ausgestorben zu sein, ohne daß sich daraus weitere Sprachen entwickelt haben. Die schlechte Überlieferungslage für diese jüngeren Sprachen hat auch dazu geführt, daß man sie gelegentlich mit dem wenig schmeichelhaften Terminus «Trümmersprachen» bezeichnet hat, der u. a. auch für das Oskisch-Umbrische und das Venetische im antiken Italien gebraucht wird.

Eine interessante Frage ist natürlich, wo Sprachen wie das Hethitische und Luwische, die noch älter sind als selbst das altindische Vedische, mit dem sie in sprachlicher Hinsicht verwandt sind, eigentlich ihren Ursprung haben. Vieles spricht dafür, daß die Wanderungsbewegung, die die Vorfahren aller späteren indogermanischen Sprachen nach Anatolien gebracht hat, bereits recht früh stattgefunden haben muß. Das Namensmaterial, das die altassyrischen Quellen aus dem 18. und 17. Jahrhundert v. Chr. überliefern, weist bereits zu diesem Zeitpunkt darauf hin, daß Hethitisch und Luwisch zwei getrennte Sprachen oder mindestens Dialekte waren. Die gemeinsame Phase des Ur-Anatolischen, d. h. als die beiden Sprachen sich noch nicht auseinander entwickelt hatten, muß demnach schon deutlich früher als diese ältesten Belege angesetzt werden. Ein genauer Zeitpunkt läßt sich dafür jedoch kaum angeben. Man kann aber analog zur Entwicklung anderer Sprachgruppen sicherlich von einem Zeitraum ausgehen, der wohl mehr als ein bis zwei Jahrhunderte umfaßt hat. Wir können deshalb vermuten, daß die Ankunft der ersten Einwanderer, die ein «Ur-Hethitisch» gesprochen haben, im ausgehenden 3. Jahrtausend erfolgt sein dürfte. Umgekehrt spricht die noch immer gut registrierbare verwandtschaftliche Nähe der anatolischen Sprachen zueinander für eine Auseinanderentwicklung, die erst in Kleinasien selbst stattgefunden hat, und nicht etwa für die Annahme mehrerer, getrennt verlaufener Einwanderungswellen. Freilich sind dies bis zu einem gewissen Grade spekulative Überlegungen, für die konkrete Beweise (noch) fehlen. Mit dem Beginn der schriftlichen Überlieferung, wie sie uns heute bekannt ist, d. h. also etwa zu einem Zeitpunkt etwas vor der Mitte des 2. Jahrtausends v. Chr., können wir bereits eine räumliche Verteilung der indogermanisch-anatolischen Sprachen skizzieren: Im Kernbereich des zentralanatolischen Hochlandes zwischen den Städten Kanes (Kültepe) und Hattusa (Boğazköy) wurde demnach Hethitisch gesprochen, im Nordwesten setzen wir das Palaische an, während die gesamte Südhälfte wohl ursprünglich luwisches Sprachgebiet war. Ob bereits in dieser Phase westlich des Palaischen das Lydische, das sich im 1. Jahrtausend östlich von Izmir nachweisen läßt, gesprochen wurde, bleibt noch hypothetisch.

Die innere Gliederung der indogermanisch-anatolischen Sprachen könnte man also ungefähr in der folgenden Weise graphisch darstellen (Skizze nach N. Oettinger):

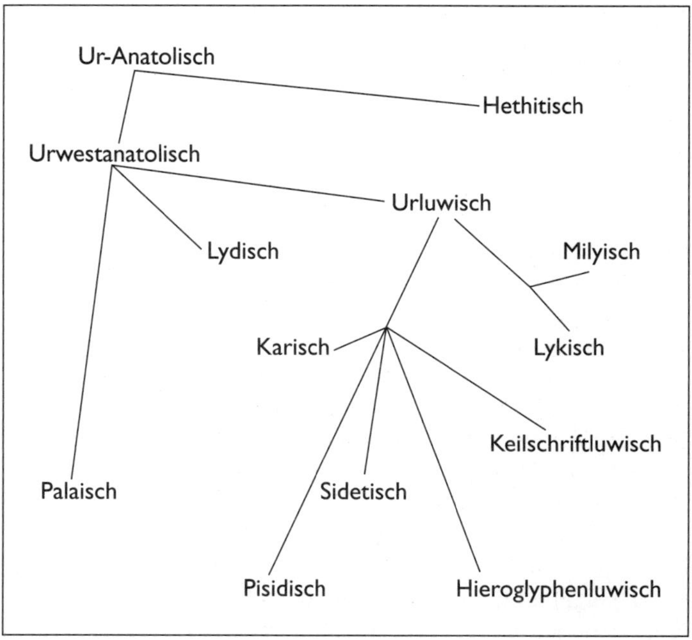

Diese Zusammenhänge sind aufgrund des hohen Alters gerade des Hethitischen weit über die Rekonstruktion der inneranatolischen Verhältnisse hinaus von Bedeutung. Gerade die frühe Überlieferung in Kombination mit den sprachlichen Eigenheiten – wie etwa dem Fehlen des Femininums, dem scheinbar sehr einfachen Verbalsystem, dem reichlichen Gebrauch von Partikeln und anderem mehr – macht es besonders interessant, das Hethitische in die lange Zeit gültige Vorstellung von der Geschichte der indogermanischen Sprachen einzufügen. Die historisch-vergleichende Sprachwissenschaft war als eigenständige Forschungsdisziplin lange vor dem Beginn der Ausgrabungen in Hattusa entstanden und mußte jetzt versuchen, dieses völlig neue Material mit den traditionellen Vorstellungen zu vereinbaren.

1.5. Die schriftlichen Quellen

Die Hethiter bedienten sich in erster Linie der Keilschrift, also eines Schriftsystems, das zu dem Zeitpunkt, als sie es zu verwenden begannen, schon seit mehr als einem Jahrtausend in Gebrauch war. Die typische Erscheinungsform der Keilschrift, die auch zu ihrem Namen führte, leitet sich von der Verwendung von Ton als Schriftträger her, in den mit ursprünglich aus Schilfrohren gefertigten Griffeln die Zeichen eingedrückt wurden, die in den Anfängen der Schrift teilweise noch sehr bildhaft waren. Sehr bald entstanden daraus standardisierte und in ihren einzelnen Elementen stark abstrahierte Zeichen, bei denen das bildhafte Motiv, das einmal der Ausgangspunkt war, nicht mehr zu erkennen ist. Die Schrift fußte auf einem kombinierten Wort-Silben-System, das sich als so anpassungsfähig erwies, daß im Laufe der Geschichte des Alten Orients rund ein Dutzend typologisch völlig unterschiedlicher Sprachen damit wiedergegeben werden konnte. Diese strukturellen Möglichkeiten des Schriftsystems erlaubten es den Hethitern, die Keilschrift auch für ihre Zwecke zu nutzen und ihre eigene Sprache damit aufzuzeichnen – und darüber hinaus noch andere Sprachen mehr. Keine Erklärung gibt es allerdings bis heute für den Umstand, daß die Hethiter nicht etwa den Schrifttyp übernahmen, der in Kleinasien bereits von den altassyrischen Händlern eingeführt worden war, sondern sich eines anderen Typs bedienten. Insgesamt steht die von den Hethitern verwendete Variante der Keilschrift der altbabylonischen Kursive viel näher, wie sie z. B. in den Schreiberschulen Nordsyriens oder Obermesopotamiens während der ersten Hälfte des 2. Jahrtausends verwendet wurde (vgl. S. 96).

Bereits im Jahre 1919 war es E. Forrer gelungen nachzuweisen, daß neben den hethitischsprachigen Texten unter dem Material in den Tontafelsammlungen der hethitischen Hauptstadt nicht nur Texte in den klassischen Sprachen Mesopotamiens, d. h. im Sumerischen und Akkadischen, vertreten waren, sondern darüber hinaus auch solche in den mit dem Hethitischen verwandten Sprachen Palaisch und Luwisch und zudem noch weitere in der Sprache, die lange vor dem Hethitischen von einer einheimischen Bevölkerungsgruppe in Anatolien gesprochen wurde; dabei handelt es sich um das sogenannte Hattische. Darüber hinaus fanden sich schließlich noch Texte im Hurritischen, einer weiteren Sprache Vorderasiens, die vielleicht mit einem frühen Vorläufer einer der heute bekannten Kaukasussprachen verwandt war. Dieser Nachweis gelang Forrer wohlgemerkt zu einem Zeitpunkt, als bis auf Sumerisch und Akkadisch und den Anfängen des Hethitischen keine der anderen erwähnten Sprachen auch nur einigermaßen zu verstehen war.

Annähernd 30 000 Bruchstücke, seltener auch weitgehend vollständige Keilschrifttafeln, wurden bis heute vor allem in den Ruinen der offiziellen Gebäude der hethitischen Residenz ausgegraben und lagern in den Museen der Welt; die weitaus meisten Fundstücke im Museum von Ankara. Aber auch in Istanbul, Berlin, London, Paris und einer Reihe weiterer Städte gibt es heute kleinere oder größere Sammlungen. Den nach Umfang und Bedeutung weitaus größten Anteil macht dabei die hethitischsprachige Überlieferung selbst aus. Sie umfaßt einen Zeitraum von knapp vier Jahrhunderten und reicht vom Beginn der schriftlichen Tradition in Hattusa in der Zeit Hattusilis I. um die Mitte des 16. Jahrhunderts bis zum Ende der Archive ein bis zwei Jahrzehnte nach dem Beginn des 12. Jahrhunderts. Man geht zwar heute davon aus, daß bereits lange vor diesem Zeitabschnitt in Kleinasien, besonders etwa im Bereich des Halysbogens, Hethitisch gesprochen wurde, auch wenn die dafür reklamierten Indizien innerhalb der altassyrischen Überlieferung nicht alle eindeutig sind; andererseits wurden noch bei keiner Ausgrabung Texte gefunden, die eindeutig älter sind als die in Hattusa entdeckten Texte, und auch keine, die jünger sind. Inzwischen gewinnen Grabungen an anderen Stellen des ehemaligen hethitischen Siedlungsgebietes zunehmend an Bedeutung, die ihrerseits Textfunde zum Teil in erheblichem Umfang erbracht haben wie im Falle der türkischen Ausgrabung bei Ortaköy mit bis heute bereits mehr als 3000 Texten.

Inhaltlich deckt die Überlieferung in hethitischer Sprache ein breites Spektrum ab. Rein zahlenmäßig dominieren religiöse Texte im weitesten Sinne, d. h. vor allem sogenannte Festrituale – das sind Beschreibungen von Kultfeiern und Opfern für die zahlreichen Götter des hethitischen Pantheons – sowie Beschwörungsrituale, aber auch Mythen, Gebete und andere mehr. Texte der königlichen Verwaltung gibt es dagegen relativ wenige, vor allem verglichen mit dem, was man aus den Archiven anderer altorientalischer Zentren kennt; es handelt sich dabei um Verzeichnisse von Inventaren und nur um einen geringen Rest der internen Verwaltungskorrespondenz, die ursprünglich in großem Umfang existiert haben muß. Reichlich vertreten sind dagegen solche Texte, die man als Archivmaterial bezeichnen könnte, wie beispielsweise Annalen, Edikte, Instruktionen, aber natürlich auch diplomatische Korrespondenz, internationale Verträge usw. Dazu könnte man auch das inschriftliche Material zählen, das in den großen Bereich der Literatur oder auch der Wissenschaft gehört, wozu im Alten Orient vor allem die Mantik zählt. Omina- und Orakeltexte gibt es in vielfältiger Form, solche der eigenen Praxis, aber auch gelehrtes Material der mesopotamischen Tradition, das studiert oder übersetzt wurde. Dazu zählen Texte der Eingeweideschau ebenso wie astronomische Omina oder Mißgeburtsomina. Aber selbstverständlich hat man sich in Hattusa auch mit gleichsam klassischen literarischen Texten wie dem Gilgamesch-Epos beschäftigt. Dies sind vielleicht die wichtigsten, wenn auch längst nicht alle bezeugten Textsorten in hethitischer Sprache.

Für die beiden Schwestersprachen des Hethitischen, das Palaische und das Luwische, ist die Situation eine völlig andere. Beide Sprachen wurden in Hattusa praktisch ausschließlich für religiöse Texte verwendet. Das Palaische ist nur in Texten der älteren Zeit oder in Abschriften solcher Texte belegt; neu verfaßte gibt es nicht. Das Palaische dürfte also nach der althethitischen Zeit als gesprochene Sprache weitgehend ausgestorben gewesen sein. Ganz anders das Luwische, das aus althethitischer Zeit nur sehr spärlich überliefert ist, dann im Laufe der Jahrhunderte aber immer mehr zugenommen und unverkennbar auch das Hethitische als Sprache direkt immer stärker beeinflußt hat. Man kann dies als Hinweis darauf werten, daß die Bevölkerung zunehmend luwischsprachig war, ja, manche Forscher vermuten sogar, daß gegen Ende des 13. Jahrhunderts Hethitisch womöglich nur noch als Verwaltungssprache existierte. In der Form des Hieroglyphenluwischen fand das Luwische darüber hinaus eine Fortsetzung noch bis ins 1. Jahrtausend v. Chr. Außerdem war es für die gesamte Sprachentwicklung in Kleinasien letztlich folgenreicher als das Hethitische, da die im Süden und Westen der Halbinsel im 1. Jahrtausend v. Chr. gesprochenen Sprachen aus dem Luwischen hervorgegangen sind.

So erklärt sich, daß das Luwische auch die Sprache der späthethitischen Kulturen Südostanatoliens und Nordsyriens war und die eisenzeitlichen Inschriften aus diesem Raum sich ausschließlich der Hieroglyphenschrift bedienten. Dies gilt auch für die allerdings noch relativ spärliche Verwendung der Hieroglyphen im bronzezeitlichen Anatolien während der Herrschaft der hethitischen Großkönige. Wo immer die Hieroglyphenschrift verwendet wird, ob für Siegel, Gefäßbeschriftungen, bei Felsreliefs oder für Königsinschriften, ist die Sprache immer das Luwische (vgl. S. 113). Wann und wo diese Schrift entwickelt wurde und in welchem Verhältnis sie zu den verschiedenen mittelmeerischen oder kypro-minoischen Schriftsystemen steht, zu denen man auch Linear A und Linear B, die Schrift des Mykenischen, zählen muß, läßt sich im Detail noch nicht beantworten. Ebensowenig ist klar, weshalb die hethitische Kultur sich überhaupt ein zweites Schriftsystem leistete, das strukturell gegenüber der Keilschrift sicherlich Defizite hatte. Wenn aber die Vermutung zutrifft, daß ursprünglich diese Schrift in erster Linie für den Verwaltungsbereich eingesetzt, aber meist auf vergänglichem Material wie Holztafeln geschrieben wurde, dann wäre sie bei weitem wichtiger gewesen, als die erhaltenen archäologischen Befunde zunächst erwarten lassen. Doch außer zahlreichen Siegeln und einigen wenigen Inschriften fehlen dafür bisher die Belege.

2. Kleinasien bis zur Entstehung einer hethitischen Großmacht

2.1. Die erste Hälfte des 2. Jahrtausends v. Chr.

Bereits aus dem ersten Viertel des 2. Jahrtausends v. Chr. besitzen wir eine umfangreiche textliche Überlieferung aus Anatolien, die wir dem Umstand verdanken, daß zwischen Nordmesopotamien und Kleinasien intensive wirtschaftliche Beziehungen bestanden. Assur war damals eine wichtige Stadt – aber nicht, weil sie Sitz eines überregional bedeutenden Königtums, geschweige denn Metropole eines assyrischen Reiches gewesen wäre, sondern weil von hier aus unter königlicher Patronage eine sehr agile kooperativ organisierte Kaufmannschaft operierte. Am Ende des 3. Jahrtausends wurde Assur noch von einem Gouverneur regiert und gehörte zum Einflußgebiet der Könige der III. Dynastie von Ur (ca. 2112–2001 v. Chr.), erlangte aber nach dem Untergang des Großreiches der Könige von Ur seine Selbständigkeit zurück. Bereits die ersten assyrischen Könige haben den Handel besonders gefördert, so daß die Stadt einen enormen wirtschaftlichen Aufschwung erlebte. Aufgrund ihrer geographischen Lage war die Stadt Assur besonders geeignet als zentraler Umschlagplatz für den überregionalen Handel zwischen Ostanatolien und Obermesopotamien. Der Warentausch beruhte hauptsächlich auf der Ausfuhr von Fertig- und Halbfertigprodukten, in erster Linie Textilien, aus Babylonien sowie dem für die Bronzeherstellung so wichtigen Zinn im Tausch gegen Edelmetalle, meist Silber und Gold. Im Laufe der Zeit entstand ein auf Verträgen beruhendes System, das die Rechte und Pflichten der assyrischen Händler auf der einen Seite und der vor allem durch die Paläste der verschiedenen politisch unabhängigen Fürstentümer vertretenen Einheimischen auf der anderen Seite regelte. Die lokalen Fürsten im Gebiet zwischen Taurusgebirge und Zentralanatolien, die oft nur ein relativ kleines Territorium beherrschten, konnten Einfuhrzölle erheben und hatten ein Vorkaufsrecht; die Händler ihrerseits durften sich dafür bei den Siedlungen außerhalb der Mauern niederlassen und genossen den Schutz des jeweiligen Herrschers. Dies war ein lukratives Geschäft, von dem beide Seiten profitierten und das über mehr als ein Jahrhundert sehr gut funktionierte. Es führte dazu, daß an zahlreichen lokalen Fürstensitzen in Kleinasien größere (akkadisch *kārum*, eigentlich «Hafen») oder kleinere (akk. *wabārtum*) Handelskontore entstanden, in denen die Händler wohnten und manchmal über Generationen hinweg ihre Geschäfte mit den Einheimischen abwickelten. Die «Zentrale» der assyrischen Händler, in der sich auch die offizielle Vertretung des «Gesandten der Stadt (Assur)» befand, lag bei der anatolischen Stadt Kanes, beim heutigen Kültepe, nordöstlich von Kayseri. Bei den Ausgrabungen stieß man auf die schriftliche Hinterlassenschaft dieser Händler – bis heute sind rund 20 000 Tontafeln und Tontafelfragmente gefunden worden und nach wie vor kommen jährlich meist einige Hundert hinzu. Ihr Inhalt ist meist geschäftlicher Art, d. h. Dokumente über die Abwicklung verschiedener Transaktionen wie Leih- oder Verkaufsurkunden, aber es finden sich auch zahlreiche Briefe, die zwischen den Händlern vor Ort und ihren Familien zu Hause in Assur gewechselt wurden und so vielfach auch ganz private Themen behandeln – von Familienstreitigkeiten über gespannte Vater-Sohn-Beziehungen bis zu Ehekrisen. Die Details über die Organisation des Handels und die Abwicklung der Geschäfte, die man aus diesen Quellen erfährt, enthüllen ein kompliziertes System, in dem Preise, Steuern, Zinsen und vieles mehr juristisch so feinsinnig aufeinander abgestimmt waren, daß es fast schon modern anmutet. In den letzten Jahren wurden auch verschiedene Verträge gefunden, die wiederum einen Einblick in die politischen Hintergründe der Organisation des Handels und in das Verhältnis unter den einheimischen Fürsten geben. Was dagegen weitgehend fehlt, sind literarische oder sonstige Traditionstexte, wie sie sonst in keilschriftlichen Archiven, zu denen ja meist auch Schreiberschulen gehörten, in der Regel vertreten sind.

Mit rund 75 % ist der größte Teil dieser Keilschrifttafeln noch unveröffentlicht, dennoch stellen sie einen einzigartigen Schatz von kulturgeschichtlichen Informationen über das Leben der Menschen vor nahezu vier Jahrtausenden dar. Allerdings bringt es die Natur dieser Dokumente mit sich, daß Informationen über historisch-politische Zusammenhänge nur sehr partiell und eher zwischen den Zeilen zu finden sind, so daß auch Hinweise auf die hethitische Frühgeschichte weitestgehend fehlen.

Überhaupt ist es eine Frage der Definition, wann eigentlich die hethitische Geschichte beginnt. Und so geht gerade in diesem Punkt die Terminologie der Archäologen und der Philologen auseinander; dabei handelt es sich nicht allein um einen formalen Aspekt, sondern vielmehr liegt die Ursache in einem bemerkenswerten Unterschied im Forschungsmaterial. Es gibt weder im archäologischen Befund eine erkennbare Zäsur, die mit der Einwanderung neuer Bevölkerungsgruppen in Verbindung zu bringen wäre, noch lassen sich charakteristische Veränderungen in der Entwicklung der materiellen Hinterlassenschaften beobachten, die auf die Anwesenheit von etwas Neuem schließen lassen könnten. Dennoch bezeichnet man spezielle Formen der Keramik als frühhethitisch, die in Schichten aufzufinden sind, die noch deutlich vor dem Auftreten erster Schriftzeugnisse in hethitischer Sprache liegen, also älter sind als die eigentliche hethitische Geschichte im engeren Sinne. Solche frühhethitischen Keramikfunde sind in einer ganzen Reihe von Fundorten nachzuweisen – vom Ikiztepe im Bereich der Mündung des Kizil Irmak ins Schwarze Meer in Nordanatolien bis zu den Fundorten im Halysbogen in Zentralanatolien und in Hattusa selbst.

In den Texten der altassyrischen Handelskontore in Anatolien erscheinen unter den Tausenden von Eigennamen einheimischer Anatolier erstmals auch solche, die mit sprachlichen Elementen des Hethitischen oder des Luwischen gebildet sind. Diese und einige wenige Glossen, d. h. nicht übersetzte Begriffe aus der lokalen Umgangssprache, in den sonst im altassyrischen Dialekt des Akkadischen geschriebenen Urkunden, Briefen oder Dokumenten, die die Händler mit Einheimischen, aber auch Einheimische untereinander austauschten, sind die allerersten konkreten Hinweise auf die Anwesenheit einer neuen Bevölkerungsgruppe. Sie belegen, daß bereits zu dieser Zeit, d. h. im 19. Jahrhundert v. Chr., im Bereich der zentralanatolischen Hochebene neben den traditionellen einheimischen Sprachen auch das Hethitische und das Luwische gesprochen wurden. Über die politische Rolle, die die Sprecher dieser Sprachen in ihrer neuen Umwelt spielten, und über ihr Verhältnis zu der alteingesessenen Bevölkerung schweigen die Quellen weitestgehend. Man kann dies durchaus so deuten, daß der Prozeß der Akkulturation der Neuankömmlinge weitestgehend friedlich verlaufen ist. Eine militärische Unterwerfung, eine Art indogermanische Herrscherschicht, die sich die Einheimischen unterworfen hat, gehört in den Bereich der Phantasie und hat mehr mit den romantischen Vorstellungen über die sogenannte Völkerwanderungszeit des 19. Jahrhunderts zu tun als mit der Realität. Als erkennbare Gruppe treten «Hethiter» jedenfalls in dieser Phase der kleinasiatischen Geschichte nicht auf. Überhaupt spielten solche an ethnischen Zuordnungen orientierten Vorstellungen in dieser Epoche keine Rolle, wie die Einheitlichkeit des materiellen Befundes unterstreicht. Allein auf der Ebene der sprachlichen Zuordnung könnte man von einer multiethnischen Gesellschaft und Kultur sprechen, zu der größere Gruppen der von Nordsyrien aus nach Kleinasien eingewanderten Hurriter, die ebenfalls hier heimisch geworden waren, ebenso gehören wie die vor allem in Zentral- und Nordanatolien heimischen autochthonen Gruppen der Hattier mit ihrer ganz eigenen Sprache, die mit keiner anderen bekannten Sprache verwandt ist und deshalb bis heute völlig isoliert steht.

Der einzige bisher bekannte historiographische Text, der in chronologischer Abfolge mit der Nennung von Namen und Orten Ereignisse aus dieser Epoche der anatolischen Geschichte überliefert, stammt aber erstaunlicherweise nicht aus Archiven der altassyrischen Händler oder eines lokalen Fürsten, sondern fand sich unter den Tontafeln der hethitischen Hauptstadt Hattusa. Über die Entstehungszeit des Textes oder den Zweck, zu dem er angefertigt wurde, gibt es keine direkten Informationen, aber er war für die hethitischen Schreiber immerhin von so großem Interesse, daß sie ihn im Laufe der Jahrhunderte mehrfach abgeschrieben haben, zuletzt rund ein halbes Jahrtausend nach dem Tod der Person, um die es darin vor allem geht. Geschildert wird der Aufstieg eines Mannes mit Namen Anitta zum dominierenden Lokalfürsten Anatoliens, der auf dem Höhepunkt seines Erfolges den Titel «Großfürst» trägt und in der Stadt Kanes residiert, die er zuvor erobert hat. Im Zuge der Kämpfe um diese Vormachtstellung werden verschiedene Gegner erwähnt, unter anderem die spätere hethitische Hauptstadt Hattusa, die nicht nur zerstört wird, sondern deren Wiederbesiedelung zusätzlich mit einem Fluch verhindert werden soll – wie die Geschichte zeigen sollte, allerdings ohne Erfolg. Anitta ist aber nicht die einzige Gestalt der anatolischen Frühgeschichte, die den Hethitern später noch bekannt war. Dieser Text ist freilich so fragmentarisch, daß sich der ursprüngliche Inhalt nicht wiedergewinnen läßt, aber es besteht eigentlich kein Zweifel, daß er sich auf einen in den altassyrischen Quellen gut bezeugten Lokalfürsten mit dem hurritischen Namen Anum-chirbe bezieht. Der Name des Anum-chirbe, dessen Herrschaftsgebiet im südostanatolischen Raum lag, taucht sogar in den Texten aus Mari auf, einem wichtigen, am mittleren Euphrat gelegenen Zentrum der altbabylonischen Zeit. Er muß also von einiger politischer Bedeutung gewesen sein.

Vielleicht sahen sich die hethitischen Könige selbst in der Nachfolge des Anitta, obwohl er Hattusa zerstört hatte, doch keiner von ihnen bezieht sich je direkt auf ihn. Was immer das Interesse an dieser und an weiteren Gestalten der altassyrischen Zeit war – unklar bleibt, woher die Hethiter Jahre später ihre Informationen bezogen oder welche Quellen ihnen zur Verfügung standen. Und auch wenn die Stadt Kanes nach dem Ende des altassyrischen Handels ihre Bedeutung verlor, so blieb sie doch dauerhaft mit der hethitischen Geschichte verbunden, nicht zuletzt durch die Bezeichnung der eigenen Sprache als «kanesisch».

Die erste historisch gesicherte Gestalt, mit der die Reihe der hethitischen Könige in der Mitte des 16. Jahrhunderts v. Chr. beginnt, trägt den Namen Hattusili I. Er stammte aber nach eigener Angabe nicht aus Hattusa selbst, sondern aus Kussara, einem bis heute nicht identifizierten Ort, der auch in der jüngeren Überlieferung nicht mehr erwähnt wird. Da der Name Hattusili, also «der von Hattusa», aber bereits in den altassyrischen Urkunden belegt ist, scheint es sich hier nur um einen allerdings seltsamen Zufall zu handeln. Über die Geschichte der Stadt, die Hattusa heißt und die nach Kanes eindeutig das neue Zentrum der Hethiter ist, sind wir für die Zeit nach ihrer Eroberung durch Anitta nur äußerst mangelhaft informiert. Weder kennen wir die Gründe für den Umzug Hattusilis I. von Kussara nach Hattusa, noch wissen wir, was es mit einem legendenhaften älteren König namens Labarna, noch mit anderen, in den Quellen nur schemenhaft zu erahnenden noch früheren hethitischen Herrschern auf sich hat.

Eine Ursache für das Schweigen der Quellen könnte darin liegen, daß Hattusili vermutlich nicht rechtmäßig an die Macht gelangt ist und sich deshalb auch nicht auf seine möglichen Vorgänger berufen hat. In der Einleitung eines Annalentextes, der die militärischen Unternehmungen aus einigen Jahren der Regierung Hattusilis auflistet, bezeichnet er sich vielmehr als «Brudersohn» einer Frau mit Namen Tawananna. In der späteren hethitischen Überlieferung fungieren jedoch die ursprünglichen Eigennamen *t/labarna* und *tawananna* als Titel, die das Herrscherpaar neben der Bezeichnung «König(in)» bzw. «Großkönig(in)» trägt und die sich vielleicht von diesen beiden – realen oder mythischen – Personen aus dem Beginn der hethitischen Geschichte herleiten. Hattusili I. bleibt auch in der Rückerinnerung immer der «Mann aus Kussara» und der ferne Ahnherr, auf den sich noch sein Namensvetter Hattusili III. Mitte des 13. Jahrhunderts v. Chr. bezieht, bevor er Ur-Großvater, Großvater und Vater mit ihren Eigennamen aufzählt.

Es sind im wesentlichen drei Quellen, auf denen unsere Kenntnisse des frühen hethitischen Königtums beruhen, von denen zwei aus der Regierungszeit Hattusilis I. stammen. Ein annalistisches Werk, das in knapper, noch sehr spröder Diktion die Feldzüge und militärischen Auseinandersetzungen während eines Zeitraums von sechs Jahren schildert. Typisch für die historiographische Literatur der Hethiter sollte es bleiben, daß keinerlei Datierungsangaben gemacht werden; der Text gibt auch keinerlei Hinweise darauf, wie die betreffenden Jahre in die Regierungsjahre einzuordnen sind, sondern jeder neue Abschnitt beginnt lediglich mit einem «im folgenden Jahr». Diese Eigenheit der offiziellen hethitischen Dokumente, keine Datierungsangaben zu machen, ist schwer erklärbar. Es ist schlechterdings nicht vorstellbar, daß die komplexe Verwaltung eines Staatswesens mit einer vergleichbaren territorialen Ausdehnung ohne jegliches Datierungssystem funktionieren konnte. Die altorientalischen Kulturen haben in ihrer Geschichte eine Reihe von Datierungssystemen hervorgebracht, wie die Bezeichnung mit Jahresnamen, d. h. nach speziellen ausgewählten Ereignissen, oder durch die Angabe von Eponymen – Personen, die in dem jeweiligen Jahr ein bestimmtes Amt innehatten – oder in einfacher Form eine Zählung nach der Anzahl der Regierungsjahre des jeweiligen Königs. Listen, darin die einzelnen Jahresnamen oder die Abfolge der Eponymen zusammengestellt wurden und weitere Listen, in denen die Abfolge der Könige mit der Dauer ihrer Regierung gesammelt wurde, boten die Grundlage auch für Datierungsangaben über größere Zeiträume hinweg bzw. für die exakte Datierung einzelner Ereignisse. Solche Verfahrensweisen waren Gemeingut der altorientalischen Keilschriftkulturen, allein die hethitische Kultur scheint nichts davon verwendet zu haben. Weder vergleichbare Listen noch spezielle Angaben in den Texten sind belegt, nicht einmal die umfangreichen Annalen Mursilis II. kennen eine Zählung der Regierungsjahre, sondern bieten ebenfalls nur ein Auflistung der einzelnen Jahre mit ihren Ereignissen. Aus diesen Gründen sind alle Angaben zur Dauer der Regierung der hethitischen Könige mehr oder weniger gut begründete Schätzungen, aber in keinem Falle kann die exakte Länge einer Regierung tatsächlich belegt werden.

Dasselbe gilt für Hattusili I. und seine Regierungszeit. Es muß offen bleiben, ob es sich bei seinen Annalen tatsächlich um einen konkreten Zeitausschnitt handelt oder ob nur die dem Verfasser als besonders wichtig geltenden Ereignisse in dieser Art komprimiert wurden.

Der Text stellt es so dar, daß der hethitische König mit seinen Truppen Jahr für Jahr in eine andere Richtung zu Feldzügen aufbrach, deren Ziel es in erster Linie war, möglichst viel Beute zu machen. Gelang es den Bewohnern einer Stadt, sich vor dem herannahenden hethitischen Heer schnell genug zurückzuziehen und hinter den Mauern zu verschanzen, dann verzichtete man auf eine aufwendige Erstürmung oder Belagerung der Stadt, zerstörte statt dessen Obstplantagen und Felder und trieb das Vieh weg. War das Überraschungsmoment auf hethitischer Seite, wurde die Stadt erobert und geplündert. Nach diesem Muster liefen die Feldzüge ab. Im vierten Berichtsjahr überquerte das hethitische Heer im Bereich der Kilikischen Pforte den Taurus nach Osten und drang so erstmals in den nordsyrischen Bereich vor, in eine andere Welt. In der Randzone der mesopotamischen Kultur lagen urbane Zentren mit einer jahrhundertealten Tradition, die meist durch Handel reich geworden waren wie zum Beispiel die Hauptstadt des Königtums Jamchad, Halab, das heutige Aleppo, mit seinem berühmten Wettergottkult, oder Ebla, das allerdings seit der Zerstörung vermutlich durch Sargon von Akkade im letzten Viertel des 3. Jahrtausends seine alte Bedeutung nicht mehr zurückgewinnen konnte. Deshalb bestand die Beute der Hethiter auch nicht mehr nur aus Naturalien, Vieh oder Menschen, hier waren es vor allem aus Edelmetallen hergestellte Gerätschaften, meist aus den geplünderten Tempeln, die in den Annalen stolz aufgezählt werden. Selbst der Abtransport prunkvoll verzierter Türen war den Siegern nicht zu mühselig und wurde eigens erwähnt.

Für die Städte in dieser Region muß der hethitische Überfall aus dem Westen völlig überraschend gekommen sein. Es ist, soweit wir wissen, das erste Mal überhaupt, daß Nordsyrien von jenseits des Taurus her bedroht wurde – bis dato war dieser Raum allenfalls aufgrund der Rohstoffe, die man dort erwerben konnte und als Absatzgebiet für Waren interessant; Armeen zogen allenfalls in die andere Richtung. So scheint es auch keinen nennenswerten, jedenfalls keinen organisierten Widerstand gegeben zu haben. Eine der Städte, deren Eroberung Hattusili in seinen Tatenbericht aufnimmt, war Alalach (Tell Atschana), das aus der altbabylonischen Zeit unter anderem durch seine Kontakte zu Mari bekannt ist und zeitweise ein Vasall des Königs von Halab (Aleppo) war. Die Stadt wurde in den Jahren von 1939 bis 1949 durch den Engländer Leonard Woolley ausgegraben, der auch in Ur tätig war. Dabei stieß man in der Schicht VII des antiken Alalach auf einen Zerstörungshorizont, der sich mit dem hethitischen Bericht in Verbindung bringen läßt. Es wäre dann also diese Bauphase gewesen, während der die Hethiter die Stadt erobert haben und in der etwa im Bereich des Tempels eine gewaltsame Zerstörung auch archäologisch gut nachweisbar ist.

Hattusili I. scheint nur sehr oberflächlich über die wirklichen Machtverhältnisse in Nordsyrien informiert gewesen zu sein. Zumindest entsteht dieser Eindruck, denn nach dem so einträglichen Raubzug gen Osten marschierte Hattusili I. «im folgenden Jahr» in Richtung Westen Kleinasiens, ohne mit irgendwelchen Reaktionen auf seinen Raubzug zu rechnen. Doch jenseits des Taurus erfolgte durchaus eine Reaktion. Das immer noch mächtige Halab verbündete sich mit einem hurritischen Königtum, das später unter dem Namen Mittani zu einer Großmacht aufsteigen sollte, und ein gemeinsam ausgerüstetes Koalitionsheer machte sich auf den Weg nach Zentralanatolien. Hattusili I. wurde davon vollkommen überrascht und verlor in dieser bedrohlichen Situation jegliche Unterstützung der anatolischen Lokalfürsten, so daß, wie er schreibt, ihm «nur noch Hattusa als einzige Stadt» blieb. Die nordsyrischen Truppen zogen sich aber bald zurück, und Hattusili I. erhielt so die Gelegenheit, in monatelangen Kämpfen seine Position wieder zu stabilisieren. Darüber hinaus zog man auf hethitischer Seite den Schluß, daß langfristig gesehen Raubzüge allein der falsche Weg sind. Die Voraussetzung für einen dauerhaften Erfolg bestand allein in einem Sieg gegen die alte nordsyrische Vormacht, den König von Halab. Diesem Ziel ordnete Hattusili I. seine weiteren Unternehmungen unter und bereitete seinen nächsten Vorstoß nach Osten besser vor. Daß er dabei auch die Mittel der Diplomatie zu nutzen verstand, belegt ein aus einer Raubgrabung stammender Brief, der über den Antikenhandel bekannt wurde und einen interessanten Einblick in die Taktik des hethitischen Königs gibt. Hattusili schrieb an einen gewissen Tunip-Tessub, den Fürsten der noch nicht sicher lokalisierten Stadt Tikunani, jenen Brief in akkadischer Sprache und machte ihm den Vorschlag, gemeinsam dessen Nachbarn zu überfallen und sich die Beute zu teilen. Ob dieser auf den Vorschlag eingegangen ist, wissen wir nicht. Trotz weiterer Unternehmungen in Nordsyrien erreichte Hattusili I. sein endgültiges Ziel nicht, vielleicht, weil ihm durch Auseinandersetzungen innerhalb der Königsfamilie zunächst die Hände gebunden waren.

Ein weiterer wichtiger Text über seine Regierung, der verfaßt wurde, als der König auf dem Totenbett in Kussara lag, beschäftigt sich mit immer neuen internen Konflikten, die Hattusili schließlich dazu zwangen, erst seinen zum Thronfolger bestimmten Sohn, dann einen seiner Neffen abzusetzen, um schließlich einen Enkel namens Mursili zum Nachfolger zu bestimmen, indem er ihn als Sohn adoptierte. Die Sprache des Textes steht in auffallendem Kontrast zu jener der Annalen. Sie ist sehr emotional gefärbt, reich an wörtlicher Rede, Interjektionen und sprachlichen Bildern. Ganz anders als die Annalen schildert der Text die verschiedenen Konflikte nicht in linearer Abfolge, sondern ist ganz auf die Einsetzung des Mursili und die Ratschläge ausgerichtet, die ihm für eine gute Regierung mitgegeben werden: «[In meiner Familie] ist bis jetzt keiner meinem Willen gefolgt. [Du bist me]in [Sohn,] Mursili! Folge Du ihm. Achte [des Vaters Wo]rt. Wenn Du das Wort des Vaters achtest, [iß Brot] und trinke Wasser. Wenn das reife Mannsein in D[einem Herzen ist], esse am Tag zwei-, dreimal und halte Dich in Form. [Wenn aber] das Altsein in Deinem Herzen ist, betrinke Dich und vergiß Deines Vaters Wort. Ihr seid meine vornehmsten Untertanen. Ihr sollt meine, des Königs Worte [ach]ten. Eßt Brot und trinkt Wasser. Und Hattusa wird aufrecht dastehen und mein Land wird dann [in Frie]den sein. Wenn Ihr aber das Wort des Königs nicht achtet, werdet Ihr nicht [lange] leben und zugrunde gehen.»

Gleichsam als Vermächtnis trug Hattusili ihm außerdem auf, wieder gegen Halab zu ziehen und der Herrschaft der Könige von Jamchad ein Ende zu setzen.

Was kaum möglich schien, sollte Mursili I. tatsächlich gelingen. Er kämpfte in Nordsyrien nicht nur gegen die Hurriter, sondern er besiegte schließlich auch Halab. Über den Verlauf dieser Auseinandersetzung besitzen wir keine Quellen, dann aber schließt sich eine der merkwürdigsten Episoden der altorientalischen Geschichte an: Einen Alexanderzug vorwegnehmend, brach Mursili I. auf. Den Euphrat abwärts marschierte er mit seinem Heer, über dessen Größe oder Stärke wir keinerlei Informationen haben, durch Regionen, die wohl kaum ein Hethiter aus dem Hochland Anatoliens je betreten hatte. Sein Ziel hieß Babylon, die zu diesem Zeitpunkt wohl größte Stadt der Welt, der Sitz des von Hammurapi (1728–1686 v. Chr.) begründeten Großreiches, dessen Dynastie nun schon seit fast 300 Jahren das mächtigste Königtum des Alten Orients lenkte. Was immer Mursili I. zu diesem Unternehmen getrieben haben mag, ob es der Wunsch war, buchstäblich der Erbe des babylonischen Reiches zu werden, ob es handfeste wirtschaftliche oder politische Gründe waren – wir können darüber nur spekulieren; jedenfalls marschierte er als Sieger in Babylon ein und besiegelte damit endgültig das Ende der 1. Babylonischen Dynastie und der altbabylonischen Zeit im Jahre 1531 v. Chr.

Die Beute der Hethiter dürfte alles bisher Dagewesene übertroffen haben, selbst die Statue des Marduk, des bedeutendsten Gottes des mesopotamischen Pantheon, raubten sie aus dem Tempel Esangila in Babylon. Der Rückmarsch scheint allerdings schwieriger gewesen zu sein als erwartet. Immer wieder wurden die Hethiter von hurritischen Truppen angegriffen und mußten schließlich sogar irgendwo am mittleren Euphrat die Statue des Marduk zurücklassen, von wo sie allerdings erst viele Jahre später nach Babylon zurückkehren sollte. In der Stadt selbst nutzten nun aber die Kassiten das von den Hethitern geschaffene Machtvakuum und eroberten den Thron in Babylon. Vielleicht hatten sich die Kassiten sogar in bewährter Weise mit den Hethitern gegen ihren Oberherrn verbündet. Dies könnte eine Erklärung dafür sein, daß Mursili mit seinem abenteuerlichen Unternehmen tatsächlich Erfolg hatte. Die Kassiten waren eine Bevölkerungsgruppe, die in stetig steigender Zahl im Laufe der altbabylonischen Zeit aus der östlichen Gebirgsrandzone nach Mesopotamien einwanderte, die eigene Götter und eine gänzlich andere Sprache mitbrachte, von der jedoch nur Namen und einige wenige Wörter bezeugt sind. Bis auf ihre Eigennamen und verschiedene Götter, die in das babylonische Pantheon einzogen, paßten sich die Kassiten und die von ihnen neubegründete Königsdynastie, die immerhin rund 600 Jahre in Babylon herrschen sollte, vollkommen der babylonischen Kultur an und gingen mit der Zeit völlig darin auf.

Mursili I. selbst konnte sich seines Erfolgs nicht lange freuen. Kaum nach Hattusa zurückgekehrt, wurde er ermordet, und es begann eine Phase der hethitischen Geschichte, die im wesentlichen durch innerdynastische Kämpfe geprägt war, der auch so mancher König zum Opfer fiel.

Eine Ereignisgeschichte zu rekonstruieren ist für die sich anschließenden mehr als einhundert Jahre aufgrund der fehlenden Quellen faktisch unmöglich. Historiographische Quellen gibt es kaum oder nur in sehr fragmentarischem Zustand. Die einzige Ausnahme stellt ein Dokument aus der Zeit Telipinus I. (nach 1500 v. Chr.) dar, mit dem man traditionell die Phase der althethitischen Geschichte enden läßt. Dieser nach ihm benannte Erlaß widmet sich in weiten Teilen bestimmten Regelungen der Wirtschaft und Verwaltung; was ihn aber in historischer Hinsicht so interessant macht, ist die dem Text vorangestellte Einleitung, die in der Form eines knappen Rückblicks die Abfolge der hethitischen Herrscher von den Anfängen des hethitischen Königtums in Hattusa bis zur Thronbesteigung Telipinus schildert. Das Interesse des Verfassers gilt dabei offensichtlich nicht historischen Ereignissen im allgemeinen, sie bleiben weitgehend ausgespart, sondern der Art und Weise des jeweiligen Herrschaftswechsels. Erfolgreiche Herrschaft einerseits, Thronraub, Ermordung des amtierenden Königs, manchmal auch begleitet vom Mord an dessen Söhnen und potentiellen Konkurrenten andererseits scheinen an der Tagesordnung gewesen zu sein. Verbunden wird dieser Bericht mit generellen Ermahnungen zur Einigkeit innerhalb der Herrscherfamilie und abgeschlossen durch eine Thronfolgebestimmung, die aber weniger die Funktion hat, diese ganz neu zu regeln, sondern vielmehr Telipinu selbst eine Legitimation zu verschaffen. Man hat das Besondere darin sehen wollen, daß gegen eine ältere Tradition einer matrilinearen oder matrifokalen – d. h. über die mütterliche Linie bestimmten – Erbfolge nun das patrilineare System der Vater-Sohn-Erbfolge durchgesetzt werden sollte. Das würde im Ergebnis die Ablösung vermeintlich matrilinearer Traditionen, die seit Bachofen immer wieder als für anatolische Kulturen typisch ins Spiel gebracht wurden, durch die erst von den indoeuropäischen Einwanderern mitgebrachten patrilinearen Prinzipien bedeuten. Aber soweit wir über diesen Fragekomplex für die frühe Phase der hethitischen Geschichte Aussagen machen können, müssen wir feststellen, daß die Vater-Sohn-Erbfolge bereits die Regel war. Das eigentlich Interessante an Telipinu ist in der Tat die Abweichung von diesem Erbprinzip insofern, als er für den Fall, daß kein Königssohn vorhanden ist, die Regelung einführt, daß ein Mann einer Königstochter die Herrschaft übernimmt, also kein blutsverwandtes Mitglied der Königsfamilie. Telipinus Anliegen war also keineswegs, die Thronfolgeordnung generell zu ändern, sondern er fügte lediglich eine zusätzliche Regelung ein, die genau auf ihn selbst zutraf. Spätere Regelungen, wie wir sie etwa aus Staatsverträgen kennen, folgen demgegenüber immer einem patrilinearen Prinzip und weichen auch genau in diesem Punkt ab, d. h. sie bestimmen für den Fall, daß es keine direkten männlichen Nachkommen des Königs gibt, daß ein Sohn einer Königstochter die Thronfolge antreten soll – also wiederum ein blutsverwandter Nachkomme des Königs und nicht etwa ein nur in die Familie eingeheirateter Schwiegersohn, wie es Telipinu war.

Über die Machtverhältnisse in Anatolien und den angrenzenden Gebieten sind wir für diese Zeit nur sehr oberflächlich informiert. Telipinu I. selbst hatte im Südosten jenseits des Taurus, vor allem aber im südlichen Kleinasien gekämpft. Hier war inzwischen ein eigenständiges Königtum von Kizzuwatna entstanden, das den Hethitern mindestens ebenbürtig war. Einer der ersten hethitischen Staatsverträge überhaupt wurde zwischen Telipinu I. und Isputahsu von Kizzuwatna geschlossen. Letzterer ist auch durch einen in Tarsus gefundenen Siegelabdruck bekannt, auf dem er sogar den Großkönigstitel führt, also den Titel, den eigentlich die hethitischen Könige für sich in Anspruch genommen haben.

Die Abfolge der Könige nach Telipinu I. können wir heute in ihren wesentlichen Zügen rekonstruieren. Dies gelingt aber nur anhand sogenannter Landschenkungsurkunden, die ein Königssiegel tragen und gelegentlich auch eine Filiation – eine Angabe zur Herkunft – liefern, aber keinerlei historische Informationen bieten. Da auch für diese Phase der altorientalischen Geschichte keine weiteren Quellen etwa aus den Städten Nordsyriens vorliegen, können wir uns nur ein sehr vages Bild von der historisch-politischen Situation machen. So ist etwa weitgehend offen, wieweit der Einfluß oder die Kontakte der Könige in Hattusa in dieser Zeit reichten. Diese Forschungssituation gilt für den Untersuchungszeitraum bis etwa zur Mitte des 15. Jahrhunderts; danach beginnen wieder historiographisch relevante Quellen zu fließen und nehmen stetig zu.

2.2. Die Phase vor der Entstehung des hethitischen Großreiches

Über mehrere Generationen nach Telipinu scheint die Situation innerhalb der Herrscherfamilie in Hattusa relativ stabil gewesen zu sein; Sohn folgte auf Vater. Die Tatsache, daß dabei die Eigennamen in exakt derselben Reihenfolge auftraten wie bereits in der Zeit vor Telipinu I., wurde lange Zeit in der Forschung intensiv diskutiert, doch wir können heute davon ausgehen, daß die Existenz eines Hantili II., eines Zidanta II. und eines Huzzija II. gesichert ist.

Huzzija II. wurde von einem gewissen Muwatalli ermordet, der vermutlich das wichtige Amt eines GAL *MEŠEDI*, eine nicht zu übersetzende Bezeichnung, innehatte, das in der jüngeren Geschichte wiederholt der designierte Thronfolger ausübte und das speziell mit militärischen Aufgaben verbunden war. Ob dieser Muwatalli seinerseits Angehöriger der Herrscherfamilie war, ist unbekannt. Jedenfalls amtierte er einige Zeit als König in Hattusa, wie unter anderem sein Siegel bezeugt, bevor er seinerseits von zweien seiner Hofbeamten, mit Namen Himuili und Kantuzzili, ermordet wurde. Diese handelten aber nicht auf eigene Rechnung, sondern offenbar im Interesse der traditionellen Herrscherfamilie, so daß mit Tuthalija I. wieder die alte Dynastie an die Macht gelangte.

Bevor die Zusammenhänge zutreffend rekonstruiert werden konnten, hatte man vermutet, daß mit Tuthalija I. vielmehr eine ganz neue Dynastie in Hattusa die Herrschaft übernommen habe. Dieser Eindruck ist vor allem dadurch hervorgerufen worden, daß in dieser Zeit hurritische Traditionen und die hurritische Sprache innerhalb der Königsfamilie offenbar eine zunehmend wichtigere Rolle spielten. Einzelne Mitglieder der Königsfamilie und manche der Könige selbst führten neben ihrem traditionellen Herrschernamen einen hurritischen Namen. Doch auch wenn die These von einem Dynastiewechsel heute eher unwahrscheinlich ist, so fällt doch auf, daß sich gerade in dieser Phase der hethitischen Geschichte Veränderungen auf den verschiedensten Ebenen anbahnten oder bereits eingesetzt hatten – Veränderungen, die offenbar die Voraussetzung dafür waren, daß aus dem hethitischen Königtum von einer Macht mit meist nur lokaler Bedeutung, die für die meiste Zeit ihrer bisherigen Geschichte auf die zentralanatolische Hochebene beschränkt geblieben war, eines der altorientalischen Großreiche der zweiten Hälfte des 2. Jahrtausends entstehen konnte.

Einen besonders deutlichen Hinweis auf diese angesprochenen Veränderungen bietet ein Textgenre, das man gewöhnlich als Instruktionen bezeichnet. In diesen Texten werden Rechte, vor allem aber Pflichten der jeweiligen Amtsträger detailliert festgelegt. Es gibt zum Beispiel Instruktionen für Gouverneure der Grenzgebiete, für Bürgermeister, für hohe Verwaltungsbeamte, für Priester, für die königliche Leibgarde und die Truppen des Palastes und andere mehr. Im hethitischen Schrifttum werden diese Dokumente als *ishiul* bezeichnet, was man mit «Band» oder im übertragenen Sinne mit «Vorschrift» übersetzen kann. Ihre Funktion ist offensichtlich die, verschiedene Aufgabenbereiche in allgemeiner Form zu regeln – also unabhängig von der Person des Herrschers und individuellen Anweisungen. Es ist naheliegend, daß diese Regelungen Ausdruck umfassender Reformen waren, die viele Bereiche der Verwaltung und der Organisation des hethitischen Staates restrukturierten und in ihrer Effektivität förderten. Woher die Ideen zu solchen Veränderungen kamen, ist damit freilich nicht beantwortet, nur die positiven Auswirkungen sind unverkennbar.

Zur gleichen Zeit begann sich die hethitische Kultur auch gegenüber fremdländischen Einflüssen zu öffnen, was wiederum unmittelbaren Ausdruck in der textlichen Überlieferung fand. Zahlreiche Werke der mesopotamischen Traditionen wurden damals von hethitischen Schreibern rezipiert und studiert. Es entstanden Übersetzungen literarischer und wissenschaftlicher Texte, die bisher in Hattusa nicht bekannt waren. Die Folgen lassen sich direkt anhand der hethitischen Schultradition beobachten, die nun zunehmend Entwicklungen nachholte, welche in den benachbarten Regionen der Keilschriftkultur schon länger verbreitet waren. Der Schrifttypus und die Zeichenformen, die die hethitischen Schreiber fortan verwendeten, erhielten ein ganz typisches Erscheinungsbild mit einer elegant und routiniert wirkenden «Handschrift», die selbst bei winziger Schrifthöhe noch sehr gut lesbar ist.

Parallel zu diesen Veränderungen im administrativen Bereich setzte spätestens mit der Regierung Tuthalijas I. eine politische Entwicklung ein, die zwar nicht frei blieb von Rückschlägen, die aber Hattusa zur Hauptstadt einer vorderasiatischen Großmacht machen sollte. Die Quellenlage verbessert sich kontinuierlich. Annalentexte Tuthalijas I., wenn auch nur fragmentarisch überliefert und in literarischer Hinsicht noch bescheiden, dokumentieren diverse militärische Unternehmungen, die dem Westen Kleinasiens und den Arzawa-Ländern gelten; ist ihre Lage zunächst noch sehr vage, so werden in den folgenden Jahren die geographischen Angaben zu Westkleinasien immer präziser und differenzierter. Nach längerer Pause drangen die Hethiter auch wieder nach Nordsyrien vor. Im Laufe des 15. Jahrhunderts hatte das Königtum von Mittani das Erbe von Halab angetreten und war zur beherrschenden Macht Obermesopotamiens und Nordsyriens aufgestiegen, selbst Kizzuwatna war inzwischen ein Vasall der Mittani-Könige. Die Hethiter könnten aber davon profitiert haben, daß Thutmosis III. im Konflikt zwischen Mittani und Ägypten mit einem weiten Vorstoß, bei dem er sogar den Oberlauf des Euphrat erreichte, versucht hatte, die Hurriter entscheidend zu schwächen. Diese hatten sich aber dem ägyptischen Heer nicht zum Kampf gestellt, und für den Pharao war es unmöglich, so weit entfernte Regionen dauerhaft zu kontrollieren. Das nach dem Rückzug der Ägypter entstandene kurzfristige Machtvakuum könnte so den hethitischen Vorstoß begünstigt haben. Tuthalija I. war zwar ebenfalls noch nicht in der Lage, die hethitische Position in Nordsyrien dauerhaft zu festigen, aber sein Vorstoß mag dennoch einen Umschwung in der Politik zwischen Mittani und Ägypten herbeigeführt haben. Denn in erster Linie hatte Mittani nun mit einem weiteren Konkurrenten zu rechnen, der sicherlich gefährlicher werden konnte als das ferne Ägypten.

Vor allem die im nördlichen Zentralanatolien zunehmend aggressiv auftretenden Bevölkerungsgruppen, die in den hethitischen Quellen als Kaskäer bezeichnet werden, zwangen Tuthalija I. dazu, seine Aufmerksamkeit verstärkt wieder Anatolien zuzuwenden. Unter der Regierung seines Sohnes Arnuwanda I. wuchs die Gefahr durch die Kaskäer weiter an, hinzu kamen Unruhen rund um das hethitische Kernland, so daß sich die Hethiter vorübergehend wieder auf angestammtes Territorium zurückgeworfen sahen. Von Arnuwanda I. stammen Texte, in denen er sich in bewegenden Worten an die Götter wendet und die Verluste an Städten und Siedlungen, an Menschen und Vieh beklagt. Seine Versuche, durch vertragliche Regelungen mit den Kaskäern das Heft des Handelns wieder in die Hand zu bekommen, waren zum Scheitern verurteilt, da die Kaskäer keine homogene, zentral organisierte Einheit darstellten. In den Verträgen mit dem hethitischen König gibt es dementsprechend auch nicht einen einzelnen Repräsentanten der Kaskäer, sondern zahlreiche namentlich aufgelistete Clanchefs, die aber nur jeweils ihre Gruppe vertraten. Mögen diese sich auch an die Vereinbarungen mit den Hethitern gehalten haben, so fühlten sich doch andere Gruppen dadurch nicht gebunden; daher gingen die Auseinandersetzungen immer weiter, ohne daß es den Hethitern gelungen wäre, Sicherheit für ihre Gebiete im Norden im Grenzbereich zu den Kaskäern zu erreichen. An allen Fronten bedroht, verfügten die Hethiter nicht über genügend Truppen, die Kaskäer davon abzuhalten, immer weiter in Richtung auf die Hauptstadt vorzustoßen und dabei Städte und Siedlungen zu zerstören, Felder und Gärten zu vernichten und Vieh wegzutreiben, so daß die Lebensgrundlage der in den betroffenen Regionen siedelnden hethitischen Bevölkerung nachhaltig gefährdet war. In der späteren Überlieferung erscheint diese Zeit geradezu als Phase einer existentiellen Bedrohung des hethitischen Königtums, die sogar in einer Eroberung der Hauptstadt selbst gipfelte – diese ist freilich weder archäologisch nachweisbar, noch gibt es dafür Hinweise in zeitgenössischen Quellen. Die Beschreibung der Situation durch Hattusili III. mehr als 100 Jahre später war sicherlich stark überzeichnet, um die Leistung seines Großvaters Suppiluliuma I., der als Retter des Landes stilisiert wird, um so glanzvoller erscheinen zu lassen.

2.3. Die politische Situation in Vorderasien im 15. Jahrhundert v. Chr.

Es bedurfte jahrelanger Kämpfe und ständiger Feldzüge, bis sich die Lage zunächst in Anatolien, dann darüber hinaus zugunsten der Hethiter wandelte. Das Königtum von Kizzuwatna im Südwesten Kleinasiens hatte den Hethitern während des größten Teils des 15. Jahrhunderts den unmittelbaren Kontakt mit Nordsyrien versperrt. Eine Reihe von Verträgen mit verschiedenen Herrschern von Kizzuwatna hat sich in mehr oder weniger gutem Zustand erhalten. Sie lassen erkennen, daß hier zwei weitgehend gleichrangige Mächte bemüht waren, einen beiderseitigen Interessenausgleich zu finden. Vermutlich spielte dabei die Tatsache eine Rolle, daß beide im Schatten einer Großmacht standen, die den größten Teil Nordsyriens unter ihre Kontrolle gebracht hatte und immer wieder versuchte, den Einfluß auch weiter nach Westen auszudehnen: das hurritische Königreich von Mittani.

Der hurritische Staat von Mittani Wie groß der Einfluß Mittanis im Verlauf des 15. Jahrhunderts in Kleinasien gewesen sein muß, belegt ein Dokument aus der Schicht IV von Alalach, also aus einer Epoche, die deutlich später zu datieren ist als die Eroberung der Stadt durch Hattusili I. Dieses Dokument bezeugt einen Vertrag zwischen Idrimi, dem Fürsten von Alalach, und einem König Pillija von Kizzuwatna, der nach diesem Text ein Vasall eines Königs von Mittani gewesen sein soll. Vermutlich derselbe Pillija ist auch durch einen Vertrag mit Zidanta II. in Hattusa bezeugt. Obwohl die Hurriter zu den großen Kulturen des Alten Orients zählen, wissen wir doch relativ wenig über sie, da bis heute kein Archiv einer hurritischen Stadt oder eines der im oberen Haburgebiet zu lokalisierenden hurritischen Fürstentümer ausgegraben wurde. Selbst die genaue Lage der Hauptstadt des Mittani-Staates, Wassukanni, ist noch nicht vollständig gesichert, wenn auch einiges dafür spricht, daß sie mit dem Tell Fecherije im oberen Haburgebiet identisch ist. So liegen die Anfänge des Mittani-Staates noch weitgehend im dunkeln, reichen aber sicherlich bis in die Anfänge der althethitischen Geschichte zurück. Bisher ungelöst bleibt eines der großen Rätsel der vorderasiatischen Geschichte: Es gibt eindeutige Hinweise darauf, daß es in der Frühgeschichte Mittanis zwischen Hurritern und einer umherstreifenden Bevölkerungsgruppe, die eine indo-arische Sprache gesprochen hat, intensivere Kontakte gegeben haben muß. Zweifelsfrei handelt es sich bei dieser Sprache nicht um einen frühen Vertreter der indo-iranischen Sprachen, also des Avestischen oder des Altpersischen, das erst im 1. Jahrtausend im Vorderen Orient auftritt. Vielmehr gehört diese Sprache enger zum Vedischen, der ältesten indogermanischen Sprache Indiens. Das könnte bedeuten, daß ein Teil der Bevölkerungsgruppen, deren lange Wanderung sie schließlich bis auf den indischen Subkontinent führen sollte, einen anderen Weg eingeschlagen hatte und so in den Vorderen Orient gelangte. Das Zusammentreffen mit den Hurritern hatte jedenfalls zur Folge, daß in einigen hurritischen Texten altindische Wörter auftreten – so etwa Zahlwörter oder Farbbezeichnungen. Noch erstaunlicher ist, daß sogar verschiedene Herrschernamen der Könige von Mittani auf das Altindische zurückgehen und die Götternamen Indra, Varuna und die Nasatja-Zwillinge unter den Schwurgöttern eines Staatsvertrages auftauchen. So eindeutig hier der sprachliche Befund auch ist, so kann über die historischen Ereignisse, die dazu geführt haben, nur spekuliert werden.

Im Verlauf des 15. Jahrhunderts gelang es den Königen von Mittani, ihre Machtbasis kontinuierlich auszubauen und im Verlauf ihrer Expansionspolitik unter anderem auch die Kontrolle über Assur und Teile Nordmesopotamiens einerseits und über die Stadtstaaten Nordsyriens andererseits auszudehnen. Einem archäologischen Glücksfall verdanken wir eine einmalige Quellensituation für einen Großteil der politischen Geschichte der ersten Hälfte des 14. Jahrhunderts. Der ägyptische Pharao Amenophis IV. (1353–1336), der sich später selbst Echnaton nannte, gründete am Ostufer des Nils ca. 300 km südlich von Kairo eine neue Residenz – Achet-aton, heute in der Nähe des Dorfes Tell el-Amarna gelegen. Im Jahre 1887 fand man dort ein Archiv, das große Teile der diplomatischen Korrespondenz aus der Zeit Echnatons und seines Vaters Amenophis III. (1390–1353) enthielt, die dort zurückgelassen wurde, als der Nachfolger Echnatons, Tutanchamun (1333–1323), wieder nach Theben zurückkehrte. Diese Amarna-Korrespondenz dokumentiert die intensiven Kontakte Ägyptens zu den benachbarten Kleinstaaten und mit diesen verbündeten Stadtfürsten ebenso wie die Briefwechsel mit den Großmächten Vorderasiens – so etwa mit Mittani, Hatti, Assur oder Babylon, ja selbst mit Alasija (Zypern) und Arzawa in Westkleinasien. Die Briefe geben einen erstaunlichen Einblick in die diplomatischen Beziehungen, die politischen Ränkespiele und das engmaschige Netz internationaler Kontakte, der für die gesamte Geschichte des Altertums einmalig ist. Alle, ob kleine Fürsten in der Levante oder großkönigliche Kanzleien, bedienten sich dabei der Keilschrift und des Akkadischen als der Verkehrssprache. Das gilt auch für die Kanzlei der ägyptischen Pharaonen, die aber darüber hinaus bei Bedarf sogar in der Lage waren, Briefe auf Hethitisch abzufassen, wenn – wie im Falle von Arzawa, wo man offensichtlich des Akkadischen nicht mächtig war – der Briefpartner dies wünschte.

Die rund 300 Dokumente, die zu diesem Fund gehören, stammen zwar alle aus einem relativ engen Zeitraum von nur wenigen Jahrzehnten, aber durch Rückblicke oder Hinweise auf frühere Kontakte wird erkennbar, daß teilweise schon über Generationen hin ein enger Austausch zwischen Ägypten und Vorderasien bestand, der in einigen Fällen auch zum Abschluß dynastischer Heiraten geführt hat. Insbesondere die diplomatischen Kontakte zwischen Mittani und Ägypten scheinen während des gesamten 15. Jahrhunderts recht rege gewesen zu sein, was aber von Fall zu Fall direkte militärische Konfrontationen nicht ausschloß. Vor allem nach dem hethitischen Vorstoß nach Nordsyrien unter Tuthalija I. scheint es zu einem dauerhaften Frieden zwischen Mittani und Ägypten in der Regierung des Thutmosis IV. Anfang des 14. Jahrhunderts v. Chr. gekommen zu sein. Zur Zeit des Tuschratta (ca. 1365–1335) erlebte Mittani dann den Höhepunkt seiner Macht und beanspruchte für sich die uneingeschränkte Führungsrolle in Vorderasien. Babylon war schwach, Assur unterworfen und gegen die Hethiter versuchte man direkt vorzugehen. Jedenfalls erwähnt Tuschratta in einem seiner Briefe an den ägyptischen Pharao einen Sieg über eine hethitische Armee, allerdings können wir nicht sagen, wer zu diesem Zeitpunkt in Hattusa auf dem Thron saß und wann genau wir diesen angeblichen Erfolg zu datieren haben.

Die Entwicklung in Anatolien bis zu Suppiluliuma I. Nach dem bereits erwähnten Vorstoß Tuthalijas I. nach Nordsyrien, der von einer günstigen politischen Konstellation profitierte, sollte es noch ein bis zwei Generationen dauern, bis die inneranatolische Machtbasis der Hethiter stabil war und die durchgeführten Reformen Früchte trugen, um eine Grundlage für eine kontinuierliche Expansionspolitik zu gewährleisten. Die politische Entwicklung außerhalb Kleinasiens tat ein übriges zur Konsolidierung des hethitischen Königtums. Arnuwanda I. hatte eine völlige Niederlage der Hethiter vermeiden können, und sein Sohn Tuthalija II., der ihm auf den Thron folgte, setzte die Feldzüge nach allen Seiten fort. Dabei konnte er sich zunehmend auf die Unterstützung durch einen seiner Söhne verlassen, der den Namen Suppiluliuma trug und offenbar bereits in jungen Jahren als Heerführer erfolgreich war. Im Laufe der Zeit übernahm Suppiluliuma mehr und mehr die Rolle seines Vaters, des Königs, und agierte eigenständig als Kommandeur, zumal Tuthalija II. selbst immer öfter durch Krankheit daran gehindert war, den Palast zu verlassen. Als später der Sohn Suppiluliumas, Mursili II., einen ausführlichen Bericht über die Taten seines Vaters verfassen ließ, ist von nicht weniger als zwanzig Jahren die Rede, in denen er für Tuthalija II. die Truppen erfolgreich kommandierte und dabei die Macht Hattis kontinuierlich ausdehnte.

Doch trotz der großen Verdienste, die sich Suppiluliuma unbestritten erworben hatte, war nicht er es, der für den Thron in Hattusa vorgesehen war, sondern einer seiner Brüder, der wie der gemeinsame Vater Tuthalija hieß, sollte König werden – und ist es wohl auch geworden. Was daraufhin geschah, erfahren wir naheliegenderweise nicht durch die offizielle Geschichtsschreibung der Hethiter. Suppiluliumas Tatenberichte schweigen sich darüber ebenso aus wie alle anderen zeitgenössischen historiographischen Quellen. Viel später, zu einer Zeit, als bereits seit Jahren – von zwanzig Jahren ist gar die Rede – die Hethiter unter einer schweren Seuche litten, an der unzählige Menschen starben (man spricht meist von der Pest), versuchte Mursili II. in einem Gebet den Grund für diese göttliche Strafe, so seine Interpretation, in Erfahrung zu bringen. Und allein diesem Umstand, einem Zustand höchster seelischer Bedrängnis, verdanken wir es, daß Mursili mögliche Verfehlungen aufzählt, darunter auch solche seiner Vorfahren. Er berichtet von dem Verbrechen seines Vaters Suppiluliuma, der offenbar seine Zurücksetzung nicht akzeptieren konnte und deshalb seinen Bruder und rechtmäßigen König Tuthalija – Mursili II. spricht vom «kleinen» oder «jungen» Tuthalija – gestürzt und ermordet hat. Dieser Thronraub verlief keineswegs ohne Widerstand, sondern es gab Gruppen, die sich auf die Seite des rechtmäßigen Herrschers stellten; die Folge waren interne militärische Auseinandersetzungen, womöglich ein Bürgerkrieg. Doch weiter ins

Detail geht Mursili nicht, und auch der gestürzte König erscheint in keinem offiziellen Dokument – und so ist es bis heute, denn nach wie vor wird Suppiluliuma I. als direkter Nachfolger Tuthalijas II. geführt. Die spätere hethitische Geschichte wird zeigen, daß diese Ereignisse trotz ihrer spärlichen Dokumentation in den Quellen Folgen hatten und einen bleibenden Eindruck im Bewußtsein der Hethiter hinterließen. Es sollte zwar nicht der letzte Staatsstreich bleiben, aber es war der letzte legitime hethitische König, der in einem internen Machtkampf getötet wurde.

Suppiluliuma I. und der Aufstieg zur Großmacht Unbeschadet der zweifelhaften Legitimation seiner Herrschaft, sollte die Regierung des Suppiluliuma I. die Hethiter zu einer bisher ungekannten Machtfülle führen. Als König setzte er fort, was er bereits seit Jahren während der Herrschaft seines Vaters mit wachsendem Erfolg getan hatte. Es gelang ihm, die Kaskäer im Norden zurückzudrängen und zumindest das hethitische Kernland im Halysbogen gegen ihre Vorstöße und Raubzüge zu sichern. Auch seine Feldzüge gegen die Arzawa-Länder im Westen, die er bereits vor seinem Regierungsantritt bekämpft hatte, nahm er wieder auf. Unklar bleibt allerdings, wie weit der hethitische Einfluß reichte – vorerst hieß es noch, vor allem den eigenen Besitzstand zu sichern, da Kämpfe im Bereich von Tuwanunwa dafür sprechen, daß Kizzuwatna von Westen aus bedroht wurde und Suppiluliuma die über Tarsus verlaufende Verbindungsstraße bis an die Mittelmeerküste sichern wollte. Die Tatsache, daß im Amarna-Corpus auch ein Briefwechsel zwischen einem König Tarhundaradu von Arzawa und dem ägyptischen Pharao belegt ist, spricht dafür, daß sich inzwischen im westlichen Teil von Kleinasien ein von den Hethitern unabhängiges Machtzentrum von überregionaler Bedeutung gebildet hatte. Es ist freilich völlig unklar, wo das Zentrum dieses Königtums lag, welche Ausdehnung es hatte und in welcher Beziehung es zu den Achäern stand, die seit Arnuwanda I. immer wieder unter dem Namen Achija bzw. Ahhijawa auftreten und seit Generationen die Phantasie der Forscher beflügeln (vgl. S. 20).

Nachdem ein weiterer Vorstoß nach Westen unter einem hethitischen General offenbar nicht erfolgreich war, übernahm Suppiluliuma I. selbst das Kommando auf diesem Kriegsschauplatz und stieß bis zum Land Mira vor. Uneinigkeit unter verschiedenen Fürsten scheint den Hethitern entgegengekommen zu sein. Während einerseits die Kämpfe auch in späteren Jahren, dann aber meist nicht von Suppiluliuma selbst, fortgeführt wurden, stellten sich andere auf die hethitische Seite – so auch ein Fürst namens Kukunni, ein Vorgänger des Alaksandu von Wilusa, das man immer wieder mit der Landschaft der Troas in Verbindung gebracht hat. Dies ist eine Diskussion, die seit der Wiederaufnahme der Ausgrabungen in Troia intensiv geführt wurde, ohne daß sich wirklich neue Gesichtspunkte ergeben hätten. Eine endgültige Klärung steht nach wie vor aus.

Suppiluliumas hauptsächliches Interesse richtete sich zu diesem Zeitpunkt aber nicht nach Westen, sondern vielmehr nach Osten, wo noch immer ein mächtiger Gegner die Hethiter bedrohte. Die vollständige Eroberung Westkleinasiens sollte seinem Sohn Mursili II. vorbehalten bleiben. Nachdem Suppiluliuma in den ersten Jahren nach der Herrschaftsübernahme seine Machtbasis ausgebaut und das hethitische Kernland gegen Gegner gesichert hatte, waren die Voraussetzungen gegeben, sich dem eigentlichen Hauptgegner zuzuwenden. Doch bevor er die direkte militärische Konfrontation mit Mittani wagte, bereitete er den Vorstoß nach Nordsyrien auch auf diplomatischem Wege vor. Er schloß einen ersten Vertrag mit dem Land Azzi-Hajaša, das im Nordosten einen Puffer zwischen hethitischem Gebiet und dem Reich von Mittani bildete, und suchte weiter nach möglichen Verbündeten. Die Situation war günstig. Die Könige von Mittani hatten seit längerem ihre Position gefestigt und am friedlichen Ausgleich mit Ägypten festgehalten. Unter den Königen Artatama I. und Šuttarna II. war das Bündnis bestätigt und mit dynastischen Heiraten zwischen hurritischen Prinzessinnen und Amenophis III. besiegelt worden. Tuschratta, der erst nach Auseinandersetzungen innerhalb der mittanischen Königsfamilie auf den Thron gekommen war, lag viel daran, diese Politik fortzusetzen, doch Amenophis IV. Echnaton scheint wenig

Verständnis für die politische Entwicklung in Vorderasien gehabt zu haben. So fand Tuschratta auch keine Unterstützung gegen die Unabhängigkeitsbestrebungen Assurs, wo unter Aššur-uballiṭ I. sich die Position des mittelassyrischen Königtums allmählich konsolidieren konnte. Die Lage des Mittani-Königs Tuschratta wurde zunehmend prekärer, als ein direkter Konkurrent namens Artatama (II.) ihm im eigenen Land die Herrschaft streitig zu machen begann und die beiden Nachbarn Mittanis, Assur auf der einen Seite und die Hethiter unter Suppiluliuma I. auf der anderen, sofort dessen Ansprüche stützten. Tuschratta sah sich nun aber nicht nur von zwei Seiten durch ausländische Mächte bedroht, sondern hatte auch im Inneren einen Gegner – die erhoffte Hilfe von Ägypten blieb aus. Dies nutzte Suppiluliuma I., um eine Entscheidung herbeizuführen. In einem großen einjährigen Feldzug drang er zuerst am oberen Euphrat vor, unterwarf eine Reihe von Mittani abhängiger Länder und erreichte schließlich die Hauptstadt Mittanis, Wassukanni. Es gelang jedoch nicht, Tuschratta entscheidend zu schlagen; jener spielte auf Zeit und war mit seiner militärischen Streitmacht dem hethitischen Vorstoß ausgewichen.

Als auch eine direkte Aufforderung an Tuschratta, sich dem Kampf zu stellen, wirkungslos blieb, zog es Suppiluliuma vor, ihm nicht weiter zu folgen. Er wandte sich wieder nach Westen, überquerte neuerlich den Euphrat, schaffte es aber nicht, die Stadt Karkemisch, die aufgrund ihrer Lage am Euphrat von entscheidender strategischer Bedeutung war, im ersten Ansturm zu erobern. So zog er weiter, bis er schließlich Halab (Aleppo) erreichte, und konzentrierte sich in dieser Situation auf das System der nordsyrischen Klientelstaaten des Mittani-Reiches. Offiziell berief er sich dabei auf ein Hilfegesuch Niqmaddus II. von Ugarit, der sich angeblich von seinen Nachbarn bedroht fühlte. Für Suppiluliuma I. lieferte dies einen idealen Vorwand zur Intervention, und für Niqmaddu II. zahlte sich der Entschluß aus, sich frühzeitig auf die Seite der Hethiter zu stellen. In einem Bündnisvertrag wurde Ugarit nun zwar Vasall der Hethiter, jedoch mit einem gewissen Sonderstatus, der dem Land die Besetzung durch ein hethitisches Heer ersparte. Suppiluliuma aber machte sich daran, eine Koalition verschiedener ehemaliger mittanitreuer Fürstentümer zu zerschlagen; darunter das Land Mukiš mit seiner Hauptstadt Alalach. Bei ihrem weiteren Vorstoß nach Süden zerstörten die Hethiter unter anderem auch Qatna (Tell Mišrife) und bedrohten bei ihrem Zug in Richtung auf das heutige Damaskus Territorien, die unter ägyptischer Oberhoheit standen. Damit bahnte sich bereits ein neuer Konflikt an, der noch lange Jahre schwelen sollte.

Der Verlauf dieses Konfliktes illustriert sehr deutlich einen eigentümlichen Zug des politischen Denkens der Hethiter: Grundsätzlich vermieden sie, eine Auseinandersetzung offensichtlich als erste zu eröffnen. Statt dessen stellten sie sich immer als diejenigen dar, die auf eine Aggression reagieren oder einem anderen zu Hilfe kommen mußten bzw. moralisch im Recht waren, weil die andere Seite einen Vertrag gebrochen hatte. Im Zweifelsfalle wurden gegenüber dem Kontrahenten Forderungen erhoben, die letztlich unerfüllbar waren, wie zum Beispiel die Auslieferung von Flüchtlingen, da man immer behaupten konnte, die Forderung sei nicht vollständig erfüllt worden. Der offen imperialistische Anspruch, wie ihn etwa wenig später die assyrischen Könige aufgrund ihrer Herrschaftsideologie vertreten haben, lag dagegen den Hethitern fern. Freilich waren die praktischen Konsequenzen ihrer Politik deshalb nicht grundsätzlich anders, sie wurden nur anders öffentlich «verkauft».

So erfolgreich Suppiluliuma mit diesem langen Feldzug auch in militärischer Hinsicht war, in politischer Hinsicht war die hethitische Herrschaft noch lange nicht gesichert. Mittani war nicht entscheidend besiegt, auf dem Westufer des Euphrat besaßen die Hurriter mit Karkemisch noch immer einen wichtigen Brückenkopf, und noch war offen, wie Ägypten auf die Bedrohung seines asiatischen Einflußgebietes reagieren würde.

Zunächst aber mußte Suppiluliuma seine Aufmerksamkeit wieder den inneranatolischen Verhältnissen zuwenden und sich darauf verlassen, daß das neugeschaffene Bündnissystem in Nordsyrien, das durch verschiedene Verträge abgesichert worden war, Bestand haben würde. Zentral dafür war ein erbliches Unterkönigtum, das in Aleppo eingerichtet wurde und das Suppiluliuma seinem Sohn Telipinu anvertraute. Doch noch während Suppiluliuma selbst in Nordanatolien kämpfte, spitzte sich die Lage zu. Das von Hurritern gehaltene Karkemisch wurde noch immer von hethitischen Truppen belagert, aber gleichzeitig wurde eine hethitische Garnison im nordsyrischen Murmuriga durch Truppen aus Mittani vertrieben. Zur selben Zeit drangen von Süden her ägyptische Streitwagentruppen gegen Qadesch vor, das Suppiluliuma zuvor unterworfen hatte. Plötzlich sahen sich die Hethiter einer Bedrohung gleich an mehreren Fronten gegenüber. In dieser schwierigen Situation kam Suppiluliuma das Glück zu Hilfe. In Mittani wurde Tuschratta von seinem internen Widersacher Artatama gestürzt und kam zu Tode. Kurzfristig war Suppiluliuma damit zwar geholfen und die Bedrohung von dieser Seite abgewendet. Mit Artatama II. und seinem Sohn Šuttarna III., die von Aššur-uballiṭ I. unterstützt wurden, wuchs allerdings gleichzeitig der assyrische Einfluß in Mittani, was nicht im hethitischen Interesse sein konnte. Als der legitime Erbe des Thrones von Mittani, Schattiwaza, fliehen mußte und bei den Hethitern Schutz suchte, versuchte Suppiluliuma sofort, diese Gelegenheit auszunützen. Er nahm den mittellosen Flüchtling, der sich ihm zu Füßen geworfen hatte, freundlich auf und sicherte ihm seine Unterstützung bei der Wiedergewinnung des Thrones von Mittani zu. Zur Festigung des Bündnisses gab er ihm überdies eine seiner Töchter zur Frau. Gleichzeitig suchte er die militärische Entscheidung. Suppiluliuma I. scheint über eine ganz erhebliche Streitmacht verfügt zu haben, so daß er auf mehreren Schauplätzen gleichzeitig aktiv werden konnte. Eine Armee, die seine Söhne Arnuwanda und Zida befehligten, marschierte direkt gegen Mittani, eine weitere unter dem Befehl zweier Generäle ging im Süden gegen die Ägypter bei Qadesch vor, und er selbst wandte sich gegen die noch immer von den Hurritern verteidigte Festung von Karkemisch. Während seine Söhne die Truppen von Mittani schlugen, erreichte Suppiluliuma während der Belagerung von Karkemisch ein mehr als erstaunlicher Brief aus Ägypten.

Über eine der eigentümlichsten Episoden der altorientalischen Geschichte berichten die hethitischen Annalen in aller Ausführlichkeit. Durch die vielen Details, die Verwendung von eingeschalteter wörtlicher Rede oder Zitaten aus der zwischen Hethitern und Ägyptern ausgetauschten diplomatischen Korrespondenz und dem spannungsvollen Aufbau gehört dieser Abschnitt sicherlich zu den bedeutendsten Beispielen der vorgriechischen Geschichtsschreibung überhaupt:

In Ägypten war der Pharao verstorben – es wurde viel diskutiert, ist aber noch immer nicht mit letzter Sicherheit geklärt, ob es sich dabei um Amenophis IV. oder bereits um seinen Nachfolger Tutanchamun gehandelt hat. Jedenfalls schrieb die Witwe des Pharaos, die in den hethitischen Quellen nur als Dachamunzu – das ist die keilschriftliche Wiedergabe des ägyptischen «Königin von Ägypten» – bezeichnet wird, in dieser Situation an den hethitischen König und äußerte eine Bitte. Da sie keinen ihrer Untertanen heiraten konnte und wollte, bat sie nun Suppiluliuma, ihr einen seiner Söhne zu schicken, der ihr Gatte und damit ägyptischer König werden sollte.

Suppiluliuma und alle seine Ratgeber waren angesichts dieser unerwarteten Wendung mit ihren ungeahnten Perspektiven völlig überrascht und verständlicherweise auch mißtrauisch. Der Verfasser der Annalen läßt Suppiluliuma ausrufen: «So eine Sache ist mir noch niemals widerfahren!» Niemand konnte sich vorstellen, daß dieses Angebot ernst gemeint war. Oder versuchte man gar, durch den Gewinn einer wichtigen Geisel in dieser für die Hethiter militärisch günstigen Situation einen Vorteil zu erlangen? Der hethitische König einigte sich mit seinen Beratern darauf, zunächst einen Gesandten nach Ägypten zu schicken, der das Angebot prüfen sollte, und nutzte die Gunst der Stunde, die Belagerung der Festung von Karkemisch zu verstärken, solange von ägyptischer Seite keine Gefahr drohte. Mit Erfolg – die Stadt fiel, und die Hethiter beherrschten nun die gesamte Region zwischen Taurus und Euphrat. In Karkemisch wurde nur die Oberstadt geschont, der Großteil der Bevölkerung aber deportiert und dann ein weiteres erbliches Unterkönigtum eingerichtet, das wiederum einem Königssohn übertragen wurde; dieser führte fortan zu seinem hethitischen Namen Pijassili und entsprechend dem kulturellen Milieu, in dem er agieren sollte, einen hurritischen Namen: Šarri-kušuḫ. Damit hatte Suppiluliuma zwei hethitische Sekundogenituren in Nordsyrien geschaffen – also Fürstentümer, deren Herrscher Prinzen waren, die in ihrem neuen Herrschaftsbereich eine eigene Dynastie begründen konnten. Von Karkemisch aus wurde das dem hethitischen Reich hinzugefügte Territorium in politischer Hinsicht verwaltet, Halab (Aleppo), die Heimat des alten bedeutenden Wettergott-Kultes, repräsentierte dagegen das religiöse Zentrum. Zu diesem Zeitpunkt war natürlich nicht vorherzusehen, daß sich die beiden neugeschaffenen Dynastien als langlebiger erweisen sollten als das Königtum von Hattusa selbst, dessen Untergang sie sogar noch überdauerten.

Inzwischen war Suppiluliuma nach Hause zurückgekehrt, um dort zu überwintern und die Rückkehr des Gesandten aus Ägypten abzuwarten. Als dieser im Frühjahr des folgenden Jahres eintraf, brachte er ein Schreiben mit, das sich in den hethitischen Archiven erhalten hat und in dem die Witwe des Pharaos ihr Angebot erneuerte. Daraufhin faßte Suppiluliuma den Entschluß, die Möglichkeit, die sich ihm bot, zu nutzen, und entsandte tatsächlich seinen Sohn Zannanza. Doch er hatte zu lange gezögert – in Ägypten hatte sich eine Opposition formiert, die offensichtlich nicht gewillt war, einen hethitischen Prinzen auf dem ägyptischen Thron zu akzeptieren und deshalb die Witwe entmachtet hatte. Der Sohn Suppiluliumas wurde wohl noch auf der Reise abgefangen und ermordet; vermutlich hat er Ägypten nie erreicht. Die hethitische Antwort bestand in einem militärischen Rachefeldzug gegen die ägyptisch kontrollierten Gebiete Syriens, dem die Ägypter nichts entgegenzusetzen hatten. Dennoch sollten die Folgen für die Hethiter ausgesprochen negativ sein, denn mit den zahlreichen Gefangenen, die nach Hatti deportiert wurden, wurde auch die Seuche eingeschleppt, unter der die Hethiter lange Jahre schwer zu leiden hatten.

Nach dem Mord an seinem Sohn war die Haltung Suppiluliumas I. gegenüber Ägypten absolut feindlich und unversöhnlich. Daß es in dieser für Ägypten kritischen Situation dennoch nicht zu einem entscheidenden militärischen Gegenschlag kam, lag an der Entwicklung der Dinge im Osten. Pijassili, der jetzt

König von Karkemisch war, hatte von seinem Vater den Auftrag erhalten, mit einem hethitischen Heer Schattiwaza bei dem Versuch zu unterstützen, den Thron von Mittani zurückzuerobern. Zunächst schien alles nach Plan zu verlaufen. Der von Mittani kontrollierte Teil Obermesopotamiens wurde unterworfen, und Schattiwaza, jetzt Schwiegersohn Suppiluliumas, wurde als Herrscher in Wassukanni eingesetzt und durch einen Vertrag eng an Hattusa gebunden. Aber es sollte sich bald erweisen, daß er nur noch der Regent über einen kleinen Rest des ehemaligen Mittani-Reiches war. Der größere Teil stand inzwischen direkt unter assyrischer Kontrolle, so daß sich die Hethiter, kaum daß Mittani endgültig ausgeschaltet war, in Obermesopotamien und östlich des Euphrat einem neuen Konkurrenten gegenübersahen, dessen Politik nicht weniger expansionistisch ausgerichtet war als die eigene – so sollten die folgenden Jahrzehnte wesentlich durch den Konflikt zwischen Hattusa und Assur geprägt sein.

Das Bestreben, die unter hethitischem Einfluß stehenden Gebiete durch die Einrichtung eines Herrschaftssystems zu sichern, das einerseits auf einer direkten hethitischen Präsenz beruhte, für die vor allem die Sekundogenituren in Karkemisch und Halab standen, sowie andererseits auf einem System von Verträgen zwischen dem hethitischen König und lokalen Dynastien wie in Ugarit oder Amurru, funktionierte sehr gut. Ein Nachteil bestand allerdings darin, daß durch die persönliche Bindung der Vasallen an die Person des jeweiligen herrschenden Königs nicht automatisch auch eine längerfristige Kontinuität gewährleistet war. Problematisch waren daher immer die Phasen des Herrschaftsübergangs in Hattusa. In den letzten Jahren seiner Regierung hatte es Suppiluliuma I. aber ohne Zweifel erreicht, dem von ihm geschaffenen hethitischen Reich, das ein beeindruckendes Territorium kontrollierte, eine stabile Struktur zu geben. Die – allerdings spärlicher werdenden – Quellen sprechen lediglich von kleineren Feldzügen meist im Norden oder Nordosten, wo die Kaskäer noch immer einen ständigen Unruheherd darstellten.

Weder für die letzte Phase der Regierung Suppiluliumas I.,

der an jener bereits erwähnten Krankheit verstarb, die nach Hatti eingeschleppt worden war, noch über den Thronwechsel gibt es Quellen. Ihm folgte zunächst sein Sohn Arnuwanda II. auf den Thron in Hattusa, der sich bereits vorher als Heerführer bewährt hatte und allgemein anerkannt und akzeptiert war. Dennoch war seine Regierung nur von sehr kurzer Dauer, da er bald nach dem Regierungswechsel womöglich an derselben Krankheit verstarb. Damit war ganz unerwartet eine kritische Situation eingetreten, und es mußte sich erweisen, wie dauerhaft das gerade erst entstandene hethitische Reich sein würde.

3. Aspekte der hethitischen Kultur

3.1. Königtum und Herrschaft

Der König war in jeder Hinsicht die zentrale Person im weltlichen wie im kultischen Bereich der Hethiter. Seine Macht leitete sich direkt von den Göttern her, die ihn nach einem bereits aus der althethitischen Zeit stammenden Text als Verwalter des Landes einsetzen und ihm die Insignien seiner Macht aushändigen: «Mir, dem König aber, haben die Götter Sonnengöttin und Wettergott das Land und mein Haus übergeben». Insofern war der König auch den Göttern gegenüber zur Rechenschaft verpflichtet. Die Tradition der hethitischen Könige, Berichte über ihre Taten zu verfassen, könnte hier ihren Ursprung haben, d. h. in der Absicht, solche Rechtfertigungsschriften für die Götter anzufertigen. Ein deutlicher Hinweis dafür dürfte die Bemerkung in der hethitischen Version der Annalen Hattusilis I. sein, daß der Text ursprünglich auf einer Statue des Königs angebracht gewesen sein soll, die in einem Tempel ihren Platz hatte. Der König war persönlich für das Wohlergehen seines Landes und seines Volkes verantwortlich und sollte dies durch Wohlverhalten auch in moralischer Hinsicht garantieren. Hattusili I. ermahnt in seinem Testament seinen Nachfolger, im Essen und Trinken Maß zu halten; erst im Alter, wenn er nicht mehr die Verantwortung habe, könne er sich gehen lassen. Ein weiterer althethitischer Text enthält als allgemeine moralische Maxime die Mahnung, die Hungernden zu speisen, die Durstigen zu tränken und denen, die unter der Kälte leiden, Kleider zu geben und sie zu wärmen.

Zwischen verschiedenen hethitischen Königen und ihrer jeweiligen persönlichen Schutzgottheit bestand ein besonders enges Verhältnis, das seinen ikonographischen Niederschlag in der sogenannten Umarmungsszene fand, bekannt zum Beispiel von der Darstellung Tuthalijas IV. aus dem bei Hattusa gele-

Stele eines Großkönigs Tuthalija

genen Felsheiligtum Yazilikaya: Die Person des Königs steht neben der deutlich größeren Gestalt eines Gottes, in diesem Falle der Gottheit Scharruma, die schützend ihren Arm um den König legt. Ähnliche Darstellungen mit einer anderen Konstellation von König und Gottheit sind von verschiedenen Königssiegeln belegt.

Die regelmäßige kultische Verehrung der Götter, für die zum Teil enorme Mengen an Tier- und sonstigen Naturalopfern aufgebracht werden mußten, war ureigenste Aufgabe des Königs. Versäumnisse der kultischen Pflichten, wie durch überlange Abwesenheit auf Feldzügen, konnten die Ursache für eine Verärgerung der Götter sein, die sich dann nach hethitischer Vorstellung auf verschiedene Weise an den Menschen rächen konnten, etwa durch Mißernten, Krankheiten oder anderes mehr. Um die Ursachen für negative Ereignisse in Erfahrung zu bringen, bediente man sich diverser mantischer Prozeduren, die darauf zielten, durch meist sehr umfangreiche, komplexe Reihen von Anfragen in Erfahrung zu bringen, wie man die Götter wieder

Sogenannte Umarmungsszene auf einem Siegel des Großkönigs Mursili III.

günstig stimmen konnte. So sah Mursili II. in der Seuche, die lange Jahre während seiner Regierung unter der Bevölkerung wütete, eine Strafe der Götter für den Thronraub seines Vaters und den Mord am rechtmäßigen Herrscher, die aber auch für die Götter nicht ohne Folgen blieb. In einem seiner Gebete wendet er sich direkt an die Götter: «Das ganze Land Hatti stirbt dahin und niemand ist mehr da, der die Speise- und Trankopfer für Euch bereiten kann. Der Pflüger, der die Felder der Götter bearbeitet, ist gestorben, so daß niemand mehr die Felder der Götter bearbeiten oder abernten kann. Die Müllerinnen, die die Opferbrote zubereitet haben, sind gestorben, so daß sie nicht länger die Opferbrote zubereiten können.» Das Verhältnis zwischen Menschen und Göttern war also ein wechselseitiges. Man erwartete für die kultische Verehrung von den Göttern Schutz und materielles Wohlergehen, Rat und Hilfe oder die Erfüllung bestimmter Wünsche.

Schon dies zeigt, daß die beiden Sphären, weltliche Macht und kultische Funktion des Königs, sich nicht so strikt trennen lassen. So wie der König sowohl an der Spitze der Verwaltung stand als auch im Prinzip oberster Heerführer war, kam ihm auch im Kult eine zentrale Funktion zu, die aber nicht mit einer kultischen Verehrung des Königs selbst gleichzusetzen ist. Zwar war die typische hethitische Formel für den Tod eines Königs «er ist Gott geworden», aber das heißt nicht, daß Könige selbst vergöttlicht wurden. Lediglich im Rahmen des Totenkultes wurden Opfer für die verstorbenen Könige dargebracht, aber ebenso für andere Mitglieder der königlichen Familie. Nur für einige wenige der bedeutendsten hethitischen Könige wie Hattusili I., Tuthalija I. oder Suppiluliuma I. sind auch Statuen bezeugt, denen kultische Verehrung zuteil wurde. Die Bezeichnung als oberster Priester für den König ist aber ebenso etwas irreführend, da seine Funktion im Kult aus seinem Amt selbst erwuchs. Zumindest in den für den hethitischen Götterkult so wichtigen Festritualen kam ihm eine wesentliche Rolle zu, indem er Opferspeisen oder Trankspenden, die ihm von speziellen Kultfunktionären oder Priestern dargereicht wurden, berührte – die typische Formulierung der hethitischen Texte lautet: «Der König legt seine Hand daran.» Danach führten die Priester die weiteren Opferhandlungen stellvertretend für ihn aus. Ein Großteil des hethitischen Schrifttums, sicherlich mehr als 25 % der erhaltenen Texte, gehört zu dieser Art von Festbeschreibungen, von denen der hethitische Kultkalender eine bisher noch nicht überschaubare Zahl an Einzelfesten umfaßt. In oft sehr stereotypen Wendungen verzeichnen die Texte die einzelnen Kulthandlungen, bleiben dabei aber meist so unspezifisch, daß es schwerfällt, sich eine konkrete Vorstellung vom Ablauf solcher Kulthandlungen im Detail zu machen. Die Intention der Texte besteht auch sicherlich nicht darin, eine exakte Schilderung des Handlungsablaufes zu geben, sondern die inhaltlichen Konstanten sind immer wieder Angaben über Art und Menge der Opfer und vor allem die Nennung der Namen der Götter, denen Opfer darzubringen waren.

Mit der Ausdehnung des hethitischen Staates nahmen im Laufe der Zeit die kultischen Verpflichtungen des Königs immer mehr zu, da er nicht nur für die Feste in der Hauptstadt Hattusa zuständig war, sondern auch bei vielen Festen in verschiedenen Städten des Reiches präsent sein mußte. Um dies überhaupt noch leisten zu können, wurden die regionalen Feste außerhalb der Hauptstadt im Umland in zwei großen Reisefesten zusammengefaßt, die der König dann jeweils im Frühjahr bzw. im Herbst, d. h. also vor oder nach den Feldzügen, absolvierte. Diese Reisefeste, die meist in Begleitung der Königin, gelegentlich auch des einen oder anderen Prinzen stattfanden, gehörten mit zu den wichtigsten kultischen Aufgaben des Königs. Jede der Rundreisen umfaßte nach einer kontinuierlichen Erweiterung um immer neue Orte und Feste im 13. Jahrhundert bereits jeweils mehr als 30 Tage, in deren Verlauf zahllosen einzelnen Göttern des riesigen hethitischen Pantheons – die Hethiter selbst sprechen von den 1000 Göttern des Hatti-Lands – Opfer dargebracht wurden. Neben der primär kultischen Funktion hatten diese Reisefeste aber sicherlich auch eine politische Bedeutung, die in der Präsenz des Königs vor Ort und in der identitätsstiftenden Funktion der Zusammenfassung und Vereinheitlichung der lokalen Kulte lag, die so auch vielen Untertanen, die nicht in der Hauptstadt lebten, deutlich machten, daß sie Teil einer Gemeinschaft waren.

Befand sich der König, wie es im Verlauf der hethitischen Geschichte häufiger der Fall war, im Sommer entfernt vom hethitischen Kernland auf Feldzügen, dann fiel es freilich schwer, diesen Pflichten nachzukommen. Gelang es nicht, dafür die Zeit zu finden, so mußte durch Orakel festgestellt werden, welche Gottheit über die Vernachlässigung ihres Kultes erzürnt war und wie man sie wieder besänftigen konnte bzw. ob die traditionell dargebrachten Opfer noch von ausreichendem Umfang und befriedigender Qualität waren.

Bemerkenswert ist, daß neben dem König die Königin ebenso Trägerin eines Amtes mit eigenem Titel, *tawananna*, war; das Wort entstammt der Sprache der alteingesessenen anatolischen Bevölkerung der Hattier wie auch der Titel des Königs, *tabarna*, oder der des Thronfolgers, *tuchkanti*, was wiederum ein Hinweis auf die vorhethitische Herkunft dieser Traditionen ist. Die Aufgaben der *tawananna*, der Königin, sind im einzelnen nicht recht deutlich, waren aber sicherlich auch in erheblichem Maße von der jeweiligen Persönlichkeit und dem Verhältnis des Herrscherpaares selbst abhängig. Man wird sicher den großen Einfluß, den eine Königin wie Puduhepa, die Gattin Hattusilis III., hatte, die eigenständig selbst mit dem ägyptischen Pharao korrespondierte oder verschiedene politische Dokumente wie Verträge oder Erlasse zuerst mit ihrem Gatten, später mit dessen

Sohn Tutchalija IV. gemeinsam siegelte, nicht verallgemeinern dürfen. Charakteristisch aber ist, daß die *tawananna* ihr Amt auch behielt, wenn ihr Gatte verstarb und ein neuer König den Thron bestieg. Das bedeutete, daß die Gattin des Königs unter Umständen zwar Königin war, aber nicht alle damit verbundenen Funktionen wahrnehmen konnte, sondern abwarten mußte, bis auch ihre Vorgängerin verstarb, was verschiedentlich interne Konflikte nach sich zog. Man hat in dieser relativen Eigenständigkeit des Amtes der *tawananna* Reste matriarchaler Strukturen sehen wollen, für die es freilich keine konkreten Indizien gibt. Auch Spekulationen über ein sich über die weibliche Linie vererbendes Thronfolgerecht, das erst von den patriarchalisch geprägten indogermanischen Einwanderern im Zuge heftiger interner Konflikte und begleitet von vielen Königsmorden abgelöst worden sei, halten – wie bereits erwähnt – einer Nachprüfung nicht stand.

Aus der Autorität des Königs folgten auch seine Aufgaben in Bereichen wie Verwaltung oder Rechtsprechung. Die Beispiele der hethitischen Korrespondenz, die interne Angelegenheiten des Landes betreffen, zeigen, daß zumindest nach außen der König persönlich als Absender auftrat. Ein kleines Archiv, das bei den Ausgrabungen beim türkischen Maşat gefunden wurde und in dem sich rund 100 Verwaltungsbriefe erhalten haben, die aus Hattusa in die hethitische Provinz geschickt wurden, belegen sehr schön die täglich anfallenden Vorgänge, um die man sich zu kümmern hatte. So geht es einmal um die Entsendung von Erntearbeitern oder um die Frage, ob genug Pflugrinder zur Verfügung stehen, ob ein Feld schon abgeerntet ist oder nicht, aber auch um Überfälle feindlicher Kaskäer, die Überwachung von Straßen und vielem mehr. Geht man von diesen zufällig dokumentierten Einzelbeispielen aus, dann ist es mehr als unwahrscheinlich, daß bei der großen Anzahl der ständig zu regelnden administrativen Angelegenheiten im gesamten Reich der König tatsächlich jedes einzelne Schreiben diktiert und jeden einzelnen Vorgang selbst autorisiert hat. Hierfür muß eine gut funktionierende königliche Administration die regelmäßigen Aufgaben im Namen des Königs abgewickelt haben. Der stereotype Absender

«Meine Majestät» steht hier also sicherlich für den Palast als Institution, nicht für die Person des Königs selbst.

Ähnlich war die Situation im rechtlichen Bereich. Aus den Texten wissen wir, daß es Richter gab oder königliche Beamte, die Rechtsstreitigkeiten zu entscheiden hatten, soweit es um mehr als Alltagsdinge ging. Ansonsten waren etwa die Verwalter der Grenzprovinzen explizit angehalten, die einheimische dörfliche Bevölkerung selbst nach Gewohnheitsrecht entscheiden zu lassen und sich nicht einzumischen. In schwerwiegenden Fällen konnte man sich aber direkt an den König wenden; dies galt auch für hochgestellte Persönlichkeiten oder gar für die Vasallen des hethitischen Königs bis hin zu den Königen der nordsyrischen Vasallenstaaten wie beispielsweise Amurru und Ugarit. Die Hethitischen Gesetze, die bereits in der althethitischen Zeit erstmals schriftlich festgehalten wurden, stellten dagegen kein systematisches Recht dar, sondern eine Sammlung von Beispielfällen. Diese Sammlungen wurden im Laufe der Zeit immer wieder abgeschrieben und teilweise ergänzt; gelegentlich wurde vermerkt, daß früher eine körperliche Bestrafung vorgesehen gewesen sei, die jetzt in die Zahlung einer Buße abgeändert wurde, wobei praktisch in allen Fällen die neuen Strafen milder ausfielen. Allerdings ist für die Hethitischen Gesetze wie auch für andere keilschriftliche Rechtssammlungen des Alten Orients die Frage schwer zu beantworten, wieweit diese Sammlungen tatsächlich in der Praxis zur Anwendung kamen. Dennoch erscheint das hethitische Leben schon in vielen Bereichen stark verrechtlicht gewesen zu sein. Es konnte sogar innerhalb der Königsfamilie zu rechtlichen Auseinandersetzungen kommen; am bekanntesten ist der Fall Mursilis II., der gegen die Witwe seines Vaters, die amtierende *tawananna* also, einen Prozeß anstrengte (vgl. S. 101).

3.2. Literatur

Unter dem Begriff Literatur wird hier, anders als in einem modernen Sinne, vor allem das verstanden, was in enger Verbindung mit der traditionellen Institution der Keilschriftkulturen schlechthin steht, dem Edubba, d. h. dem «Tafelhaus» oder der

Schreiberschule. Dort wurde nicht nur das Schreiben gelehrt, sondern das Edubba war auch der Ort oder besser die Institution, in der neue Texte verfaßt und – vielleicht noch viel mehr – ältere Texte durch Abschreiben tradiert oder aus älteren Texten neue kompiliert wurden. Dies war eine Art kollektiver Prozeß. Autoren von einzelnen literarischen Texten sind ebenso unbekannt wie die Verfasser von königlichen Annalen oder anderen vergleichbaren Werken. Alle Texte sind im Prinzip anonym; eine Ausnahme stellen verschiedene magische Rituale dar, die bestimmten Personen zugeschrieben werden. Diese Art der Autorschaft bezieht sich dann aber auf das Ritual selbst, nicht auf die textliche Aufzeichnung. Hinzu kommt, daß der Vorgang der Textüberlieferung innerhalb der Keilschriftkulturen eigentlich selten in einem reinen Bewahren besteht; in der Regel handelt es sich vielmehr um das Fortschreiben eines Textes: Schreiber veränderten beim Kopieren die ihnen vorliegende Fassung, sei es in orthographischer oder sprachlicher Hinsicht, indem sie ihn den Konventionen ihrer eigenen Zeit anpaßten, sei es in inhaltlicher Hinsicht, wenn sie ihn nicht mehr für adäquat hielten, aber auch, wenn sie ihn schlicht nicht mehr richtig verstanden – dafür kann der lange Abstand zur Entstehung des Textes ebenso verantwortlich gewesen sein wie kulturelle Unterschiede. Das identische Bewahren eines Textes ist innerhalb der keilschriftlichen Überlieferung erst ein relativ spätes Phänomen, hat jedoch für die hethitische Kultur noch keine Bedeutung.

Der Begriff Literatur ist also in diesem Kontext viel breiter gefaßt und bezeichnet all das, was im weitesten Sinne den Horizont eines gebildeten Schreibers ausmachte, vor allem das, was tradiert wurde. Das bedeutet aber auch, daß formale Aspekte, wie etwa die Frage der literarischen Qualität im Sinne einer durchgeformten Sprache, von Stilistik, Metrik oder anderer formaler Gestaltungsweisen, davon zunächst nicht erfaßt werden – dies sind Eigenschaften, die sich in verschiedenen Texten finden können, sie sind aber kein notwendiges Kriterium. Ein gutes Beispiel hierfür liefert die hethitische Historiographie, d. h. vor allem die Annalistik. Auch die Annalen waren Texte, die im Laufe der Zeit immer wieder abgeschrieben wurden und deshalb in diesem Sinne zur Literatur zählen. Überwiegend sind sie eher schmucklos und weitgehend ganz stereotyp formuliert, und nur einzelne Teile gehören zu den sehr lebendigen und sprachlich anspruchsvollen Texten, die in hethitischer Sprache überliefert sind und auch in diesem Sinne die Bezeichnung als Literatur rechtfertigen.

Doch nicht nur in qualitativer, vor allem auch in formaler und inhaltlicher Hinsicht umfaßt die hethitische Literatur ein sehr breites und heterogenes Spektrum von Schriftzeugnissen, wobei Eigenes und Fremdes oft untrennbar miteinander vermischt sind. Wie dies von den Zeitgenossen wahrgenommen wurde, können wir freilich nicht beurteilen, denn manche oder gar die meisten dieser Texte hatten gar kein «Publikum» im heutigen Sinne, für das sie verfaßt wurden.

Ungewöhnlich ist auch, daß die hethitische Literatur kaum eine Entwicklung erkennen läßt. Die Mehrzahl der aus der althethitischen Zeit erhaltenen Tontafeln ist zwar zweifellos rituellen Charakters und gehört zu den Festbeschreibungen oder Beschwörungsritualen. Aber selbst wenn wir in diesem Zusammenhang die eher zweckbestimmten Texte ausnehmen, wie historische Texte, Erlasse oder die Gesetzessammlung, dann verbleiben bereits für die Anfänge der schriftlichen Überlieferung der Hethiter immer noch einige Zeugnisse, die man durchaus als literarisch bezeichnen muß. Dazu gehören an erster Stelle die hethitischsprachigen Fassungen verschiedener Werke, die sich um die großen Könige der Akkade-Zeit wie Sargon und Naram-Suen aus dem 23. Jahrhundert v. Chr. ranken und die seit der altbabylonischen Zeit in Mesopotamien weit verbreitet waren. Von den akkadischsprachigen Vorlagen hat sich nichts in den Tafelsammlungen von Hattusa erhalten, aber die in althethitischer Sprache angefertigten Übersetzungen wurden noch bis in die letzten Jahrzehnte immer wieder abgeschrieben.

Dieser klassisch-altorientalischen Literatur lassen sich aber auch verschiedene Texte an die Seite stellen, die genuin hethitischer Herkunft sind und einen ganz eigenen Charakter haben. Hierzu zählt eine Sammlung kurzer Episoden, die charakteristische Geschehnisse oder Verhaltensweisen illustrieren sollen, die sogenannte Palastchronik. Eine dieser Episoden berichtet etwa von einem Weinhändler, der dem König guten, anderen aber schlechten Wein verkauft; eine andere von einem Bäcker, der Steine in sein Brot backt usw. – meist sind es Geschichten, die für die Betroffenen ein schlechtes Ende nehmen. In manchen Fällen ist für uns nicht immer ganz verständlich, was der entscheidende Punkt des Erzählten ist. Die sprachliche Form dieser Texte läßt noch deutlich die Herkunft aus einer mündlichen Tradition erkennen und findet in der jüngeren Zeit auch keine eigentliche Fortsetzung mehr. Die Gewohnheit, solche kurzen Episoden aber zur Illustration bestimmter Verhaltensweisen einzusetzen, findet sich dafür an den verschiedensten Stellen der hethitischen Überlieferung, selbst in Staatsverträgen kann das der Fall sein, so daß man von einer echten Exempeltradition sprechen kann.

Dagegen hat sich eine rein erzählende Textform bei den Hethitern nie richtig ausgebildet; wir kennen kein Beispiel für eine eigenständige hethitische Epik oder vergleichbare Textgattungen, wie das ansonsten in fast allen Keilschriftkulturen der Fall war – selbst im Bereich des Mythos nicht. Es fällt auf, daß die eigenen mythologischen Vorstellungen der Hethiter kaum zur Entstehung umfangreicherer erzählender Texte geführt haben, da mythologische Stoffe innerhalb der eigenen Tradition immer dem Kontext der Rituale verhaftet blieben. Es gibt zwar eine ganze Reihe von verschiedenen mythischen Erzählungen, in denen Götter als Handelnde auftreten, miteinander agieren oder auch mit Menschen in direkten Kontakt treten, diese sind aber immer Teil einer ganz bestimmten rituellen Handlung.

Ein schönes Beispiel ist die Geschichte vom Mond, der vom Himmel herabfällt, direkt auf den Markt der Stadt Lichzina, jener Stadt, in der nahezu alle einheimisch-anatolischen Mythen angesiedelt sind. Aus Wut über das Mißgeschick des Mondes schickt der Wettergott ihm Stürme und Regengüsse hinterher, so daß der Mond von Angst und Schrecken gepackt wird. Die für Magie und Heilung zuständige Göttin Kamrusepa entdeckt, vom Himmel herabschauend, den Mond und nimmt sich seiner an. Der Schluß der Geschichte ist nicht erhalten, aber der Text selbst ist Teil eines Gewitterrituals, das den Zweck hatte, der

Furcht vor Gewittern auf magisch-rituellem Wege zu begegnen, wobei die Geschichte vom Mißgeschick des Mondes eine Erklärung für das Gewitter liefern sollte.

Eine weitere mythologische Erzählung, die in zwei etwas voneinander abweichenden Versionen zusammen mit der Beschreibung eines Festes aufgezeichnet wurde, lieferte wiederum die Begründung für ein jährlich im Frühjahr zu feierndes Fest, das in enger Beziehung zum hethitischen Königtum stand. Der Zusammenhang könnte in der Parallelisierung der regelmäßig wiederkehrenden Regeneration der Natur und dem Erwachen der Kräfte der Vegetation mit einer mythischen Erneuerung der Herrschaft des Königtums bestanden haben. Beide Fassungen handeln vom Kampf des Wettergottes mit dem Drachen Illujanka, dem es in einem ersten Aufeinandertreffen gelingt, den Wettergott zu besiegen. In der ersten Fassung verspricht die Göttin Inara einem Menschen die Ehe, wenn er dem Wettergott hilft, sich zu rächen – unter der Bedingung, daß er nie wieder zu den Menschen zurückkehren darf. Mit seiner Hilfe gelingt es den Göttern, den Drachen zu besiegen, doch als der Mann, von Heimweh gepackt, nach Hause will, wird er getötet. In der zweiten Fassung raubt der Drache Illujanka dem Wettergott das Herz und die Augen, um ihn auf Dauer zu schwächen. Der unterlegene Wettergott zeugt daraufhin mit der Tochter eines armen Mannes einen Sohn, den er mit der Tochter des Drachen vermählt. Seinem Sohn gibt er zuvor den Auftrag, als Heiratsgeschenk des Drachen Herz und Augen zurückzufordern. So erlangt der Wettergott seine alte Stärke wieder und kann in einem zweiten Kampf den Drachen besiegen. Sein eigener Sohn, der jetzt Mitglied der Familie des Drachen ist, fordert nun aber seinen Vater, den Wettergott, auf, ihn ebenfalls zu töten, da er sonst dazu verpflichtet wäre, seinerseits Rache zu üben. Daraufhin wird er von diesem zusammen mit dem Drachen getötet.

Beiden Fassungen hat man eine lange, wenn auch unterschiedliche Tradition zugeschrieben. In der ersten Fassung bestehen deutliche Parallelen zu der Typhon-Erzählung des griechischen Schriftstellers Apollodor, während man die zweite Fassung mit der Jason-Medea-Legende, mit der am Schwarzen Meer spielenden Geschichte vom Goldenen Vlies, in Verbindung gebracht hat.

Fast epische Qualität erreicht die hethitische mythologische Überlieferung nur dort, wo sie Übersetzungsliteratur ist. Am offensichtlichsten ist dies bei dem als «Lied der Freilassung» bezeichneten Werk, das in einer zweisprachigen hurritisch-hethitischen Fassung überliefert ist. Das sich über ursprünglich mehrere Tafeln mit vielen Hunderten von Zeilen erstreckende Werk ist nicht vollständig erhalten, so daß seine Struktur nur in Teilen deutlich ist. Wie der Titel bereits besagt, ist das zentrale Thema der Akt der «Freilassung», d. h. wohl in erster Linie aus der Schuldknechtschaft. Verschuldung und daraus resultierende Unfreiheit weiter Teile der Bevölkerung waren in verschiedenen Phasen der altorientalischen Geschichte immer wieder ein gravierendes gesellschaftliches Problem. Im Mittelpunkt des «Liedes» steht die Stadt Ebla, ein wichtiges altorientalisches Zentrum des 3. Jahrtausends. In einer Rahmenerzählung wird unter anderem von einem Besuch des Gottes Tessub bei der Sonnengöttin in der Unterwelt erzählt, die ein Gastmahl für ihn ausrichtet, an dem auch die uralten, in der Unterwelt lebenden Götter teilnehmen. Tessub gerät dabei in Gefangenschaft. Besonders bedeutsam ist eine Anzahl fabelartiger Erzählungen, die dem berühmten Redner Megi zugeschrieben werden, der sie öffentlich auf dem Marktplatz vorträgt, und die in die Rahmenhandlung eingefügt sind. In diesen kurzen Episoden treten Tiere, aber auch Gegenstände, wie ein besonders schön gestalteter Becher, als Handelnde auf, die etwa einen untreuen Verwalter, der in die eigene Tasche wirtschaftet, oder einen seinem Vater gegenüber besonders undankbaren Sohn, der dafür von den Göttern bestraft wird, darstellen sollen. Den Fabeln ist dann jeweils ein Epimythion angefügt, eine Erklärung, die auflöst, welche moralischen Defizite damit illustriert werden sollen.

Ebenfalls aus dem Hurritischen stammt ein Werk über den Streit zweier Brüder, eine frühe Version des Kain-und-Abel-Motivs. Vielleicht ist sogar das Gilgamesch-Epos, das den Hethitern natürlich auch bekannt war, zumindest teilweise aus dem Hurritischen ins Hethitische übersetzt worden, es gab aber auch Fragmente von akkadischsprachigen Versionen in den Tafelsammlungen von Hattusa.

Die größte Bedeutung kommt vielleicht dem ursprünglich hurritischen Mythenzyklus um den Gott Kumarbi zu, der sich weitgehend nur in der hethitischen Fassung erhalten hat, aber offensichtlich von Einfluß für die frühe griechische Überlieferung war, insbesondere für die Theogonie des Hesiod. Thema ist die Herrschaft im Himmel der sich ablösenden Göttergenerationen – ähnlich wie auch im babylonischen Weltschöpfungsepos Enuma elisch. Den ursprünglichen Namen Alalu, Anu («Himmel»), Kumarbi und Tessub (Wettergott) entspricht bei Hesiod etwas verkürzt die Abfolge Uranos, Kronos und Zeus. Kronos entmannt seinen Vater Uranos und vollzieht die Trennung von Himmel und Erde; aus Furcht, ein ähnliches Schicksal zu erleiden, verschlingt er aufgrund einer Prophezeiung seine eigenen Kinder. Doch seine Gattin Rheia hat den Zeus vor ihm versteckt. Nachdem Zeus herangewachsen ist, gelingt es ihm in einem die Welt erschütternden Kampf, seinen Vater Kronos und die Titanen zu besiegen und so selbst zum Götterkönig zu werden.

In der keilschriftlichen Fassung ist zunächst der Gott Alalu im Himmel König und wird von Anu in einem Kampf besiegt. Anu aber wird seinerseits von Kumarbi gestürzt, der ihn durch das Abbeißen der Geschlechtsteile entmannt. Aber dadurch hat sich Kumarbi selbst geschwängert und bringt nun unter großen Schmerzen verschiedene Wesen zur Welt, darunter auch Tessub. Tessub gelingt es, seinen Vater zu stürzen und den Götterthron zu besteigen. Ein großer Teil der erhaltenen Erzählung berichtet, wie Kumarbi mit verschiedenen, von ihm selbst geschaffenen Helfern versucht, Tessub die Macht wieder zu entreißen. Ganz ohne Zweifel handelt es sich bei diesem Werk um eines der großen Werke der Weltliteratur, das den Vergleich mit dem Gilgamesch-Epos nicht scheuen muß. Selbst in der hethitischen Übersetzung drängt sich die Vermutung auf, daß der Text metrisch durchgeformt ist; für ein Epos typische formelhafte Wendungen und stilistische Figuren lassen sich erkennen. Zudem sind die Erzählungen sehr detailreich und die Sprache plastisch, so etwa wenn Tessub in Tränen ausbricht, als man ihm von den gewaltigen Zerstörungen des Drachen Hedammu erzählt, den Kumarbi geschaffen hat, oder wenn seine Gemahlin Hebat vor Schreck beinahe vom Dach fällt, als sie das Ungeheuer erblickt. Durch einen verführerischen Tanz kann schließlich die nackte Göttin Ischtar das Ungeheuer aus seinem angestammten Lebensbereich, dem Wasser, hervorlocken und betrunken machen, so daß Tessub den wehrlosen Hedammu gefahrlos töten kann. Dem Upelluri, der ähnlich wie der griechische Gott Atlas das Himmelsgewölbe auf seinen Schultern trägt, pflanzt Kumarbi eines seiner Geschöpfe auf die Schulter. Das Ungeheuer Ullikummi wächst zu einem Riesen heran; als Tessub ihn erblickt, hockt er sich weinend auf den Boden. Diesmal versagen auch die Verführungskünste der Ischtar, da Ullikummi blind und taub ist. Auch die versammelte Macht der Götter richtet nichts gegen ihn aus. Erst als Ea, der Gott der Weisheit, die urzeitliche Steinsichel herbeischafft, mit der zu Beginn der Weltschöpfung die Erde vom Himmel getrennt wurde, gelingt es, den Ullikummi von der Schulter des Upelluri abzuschneiden und ihn damit seiner Kraftquelle zu berauben, so daß er ebenfalls besiegt werden kann.

Weitere Erzählungen kennen Kumarbi als Vater des als Halbwaisen aufwachsenden «Silbers», das sich auf den Weg macht, seinen Vater zu suchen und dann ebenfalls die Weltherrschaft anstrebt. Alle diese einzelnen Episoden dürften zu einem umfangreichen Werk gehört haben, dessen endgültige Gestalt sich aber bisher nicht rekonstruieren läßt, so daß auch die Entscheidung des Kampfes zwischen Kumarbi und Tessub noch unbekannt ist, auch wenn klar ist, daß Tessub am Ende die Oberhand behalten haben muß.

So verdanken wir die Kenntnis dieses bedeutenden hurritischen Werkes allein den Hethitern und ihrer Übersetzung, darüber hinaus waren sie es vielleicht, die als Vermittler weiter nach Westen gewirkt haben.

Die Rezeption fremder literarischer Tradition und manchmal ihre produktive Weiterentwicklung ist ein charakteristischer Grundzug der hethitischen Kultur. Ein weiteres Beispiel hierfür ist das umfangreiche Corpus an Gebeten in hethitischer Sprache. Die aus althethitischer Zeit erhaltenen, spärlichen Fragmente von Gebetstexten sind sprachlich wenig auffällig. Aber ab dem 15. Jahrhundert treten dann zuerst Übersetzungen babylonischer Vorlagen, etwas später dann schon neukonzipierte eigene Gebete in Hethitisch auf, die durch die unverkennbare Adaptierung babylonischer Wendungen und Vorstellungen das Hethitische entschieden bereichert haben. Die Sprache wird expressiver, der Ton persönlicher, die Bilder plastischer.

Weit über den Bereich der Keilschriftforschung hinaus hat vor allem die hethitische Geschichtsschreibung großes Interesse gefunden – gilt sie doch manchem als die vielleicht bedeutendste vorgriechische Historiographie. Ganz am Anfang der historiographischen Überlieferung in hethitischer Sprache steht der sogenannte Anitta-Text, der die Geschichte des gleichnamigen kleinasiatischen Herrschers des 18. Jahrhunderts v. Chr. aus der Zeit der altassyrischen Handelskolonien erzählt (vgl. S. 32). Ebenfalls noch in die Zeit vor den ältesten namentlich bekannten hethitischen Königen von Hattusa zurück reicht ein ungewöhnlicher Text, der mythisches mit real-historischem Geschehen zu verknüpfen scheint: Er setzt mit dem märchenähnlichen Motiv einer Königin ein, die gleich dreißig Söhne auf einmal zur Welt bringt, diese dann aber in einem Korb im Fluß Marrassantija aussetzt, der heute Kizil Irmak heißt. Die Knaben werden von den Göttern bei der Stadt Zalpa, die im Bereich seiner Mündung ins Schwarze Meer gelegen hat, aus dem Wasser gerettet und aufgezogen. Später kehren sie auf der Suche nach ihrer Mutter zurück und treffen dabei auf ihre dreißig Schwestern, ohne sie zu erkennen – bis auf den jüngsten der Brüder. Es fehlt dann ein längeres Stück des Textes, der mit dem Bericht über Kämpfe zwischen kleinasiatischen Städten wieder einsetzt, aber ohne konkrete Namen der beteiligten Könige zu nennen. Man hat vermutet, es könnte sich hier um eine Art Gründungsaitiologie des hethitischen Königtums handeln – eine Art Sage, die die Einwanderung nach Kleinasien spiegelt, die dann freilich über das Schwarze Meer hätte erfolgen müssen, aber dies ist bis zu einem gewissen Grade sicherlich spekulativ.

Ebenfalls bereits aus den Anfängen der hethitischen Geschichte stammen zwei historiographische Texte, wie sie unterschiedlicher kaum sein können. In seinem sogenannten Testament wendet sich Hattusili I. direkt an seinen noch jugendlichen Thronfolger, den von ihm adoptierten Enkel Mursili, und schildert mit vielen historischen Details die innerfamiliären Zwistigkeiten, die zu dieser Situation geführt haben. Es ist ein sprachlich sehr differenzierter, verschiedene stilistische Elemente verwendender Text, der die geschilderten Ereignisse in nichtlinearer Abfolge darstellt und der deshalb in auffälligem Kontrast zum Tatenbericht desselben Königs steht. Denn der ebenfalls von Hattusili I. stammende älteste Annalentext der hethitischen Überlieferung ist dagegen in ganz karger Sprache formuliert. Unprätentiös und schmucklos werden in jährlicher Abfolge in erster Linie Feldzüge, erfolgreiche Kämpfe, die Eroberung von Städten und deren Zerstörung sowie das Beutemachen referiert.

Annalistische Texte haben sich aber nicht nur von Hattusili I. erhalten, sondern auch von verschiedenen seiner Nachfolger, wenn auch in weitaus fragmentarischerem Umfang, so von Mursili I., Ammuna oder Telipinu und in der jüngeren Zeit dann nahezu von jedem hethitischen König ab Tuthalija I. Ihren Höhepunkt erreicht die Gattung der Annalen aber zweifellos in den Werken, die aus der Regierungszeit Mursilis II. stammen. Die hethitische Sprache kennt für diese Textform sogar eine eigene Gattungsbezeichnung, ein vom Wort *pesna-* («Mann») abgeleitetes Abstraktum *pesnatar*, das sich am besten mit «Mannestaten» oder *res gestae* (Tatenbericht) übersetzen läßt.

Die hethitische Historiographie beschränkt sich nun aber keineswegs auf die Gattung der Annalistik, vielmehr finden sich historiographische Elemente in einer ganzen Reihe sehr unterschiedlicher Textformen und literarischer Gattungen schon mit dem Einsetzen der schriftlichen Überlieferung der Hethiter. Vor allem die Praxis, Dokumenten ganz unterschiedlicher Funktion so etwas wie eine historische Einleitung voranzustellen, die über die Vorgeschichte und die Entstehungsbedingungen Auskunft gibt, ist ein charakteristischer Zug der hethitischen Tradition. Die historischen Einleitungen der Staatsverträge sind nur ein besonders illustratives Beispiel hierfür, wir kennen sie aber auch aus dem Telipinu-Erlaß (vgl. S. 42) genauso wie aus Texten Arnuwandas I., die landläufig als Gebete interpretiert werden. Selbst der große autobiographische Text Hattusilis III., die sogenannte Apologie, wäre hier zu nennen und viele andere mehr.

Die sprachlichen und erzählerischen Mittel, die dabei jeweils zum Einsatz kommen, differieren freilich stark – auch innerhalb einer Textgattung wie gerade der Annalistik. Das gilt selbst für die hochgelobte Annalistik aus der Zeit Mursilis II. Zwar finden sich hier in manchen Passagen mit den Schilderungen wechselnder Schauplätze und mehreren Akteuren, den komplexen Handlungszusammenhängen einschließlich zeitlicher Rückgriffe, eingeschalteten wörtlichen Reden oder den Zitaten aus Briefen usw. wirkliche stilistische Glanzlichter. Daneben stehen aber sehr oft lange Abschnitte in einfacher Syntax, die in stark typisierter Form mit geringer sprachlicher und stilistischer Varianz in nahezu gleichen, fast wörtlichen Wiederholungen immer wieder aufs neue Feldzüge, Kämpfe, Eroberungen usw. nur chronikartig auflisten.

In der Regel bietet die hethitische Annalistik zunächst sprachlich relativ einfach strukturierte Berichte ereignishaften Geschehens in linearer Abfolge, die von Fall zu Fall in unterschiedlichem Maße literarisch ausgestaltet werden können. Dabei fällt auf, daß gerade die Abschnitte, die scheinbar lebendiger und realitätsnäher gestaltet sind, dabei immer wieder gleiche oder ähnliche Motive und stilistische Mittel aufweisen. Oft fehlt aber die Möglichkeit, die Authentizität etwa der zitierten Reden, der ausgetauschten Nachrichten oder vermeintlich wörtlichen Quellenzitate anhand einer parallelen Überlieferung zu verifizieren. Dies nährt den Verdacht, das scheinbar so konkrete Detail könnte nur ein erzählerischer Topos und damit fiktiv sein. Insofern könnte gerade die hethitische Historiographie womöglich weit mehr Literatur sein, als von vielen vermutet.

3.3. Götterwelt und Kult

Die Religion der Hethiter ist sicherlich viel älter als das, was uns in den Texten aus den Tafelsammlungen Hattusas überliefert ist, und das wenige, was bisher aus anderen Ausgrabungsorten bekannt ist. Was wir für andere Bereiche der hethitischen Kultur oft nur vermuten können, das ist im Bereich der Religion offensichtlich: Sie ist eindeutig das Produkt einer langen Entwicklung, in deren Verlauf die unterschiedlichsten Traditionen zusammenflossen und mehr oder weniger stark integriert wurden. Zumindest gilt dies für die Religion der offiziellen Texte der hethitischen Kultverwaltung und der königlichen Archive, d. h. also für die Staatsreligion, wohingegen die religiösen Vorstellungen der einfachen Bevölkerung für uns nicht greifbar sind. Ebensowenig wissen wir über die ursprünglichen religiösen Vorstellungen der nach Anatolien eingewanderten Bevölkerungsgruppen, da sich innerhalb der hethitischen Überlieferung nichts erhalten hat, was sich als Relikte einer indogermanischen Herkunft deuten ließe, falls es diese überhaupt gegeben hat. Mögliche Mythologeme – einzelne Elemente mythischer Erzählungen – sind zu allgemein, als daß sie aussagekräftig wären, und selbst bei den Götternamen bleibt nur das hethitische Wort *siu-*, das zwar auf dieselbe Wurzel zurückgeht, die auch dem Namen «Zeus» zugrundeliegt, aber im Hethitischen bedeutet es nur ganz allgemein «Gott» und stellt keinen spezifischen Namen einer Gottheit dar. So beruht der älteste Kern der hethitischen Religion, wie auch in anderen Bereichen, im wesentlichen auf den Vorstellungen der in Anatolien beheimateten Urbevölkerung, zu denen man die einheimischen Hattier zählen muß. Es dürfte kaum ein Zufall sein, daß gerade in einem deutlich auf die hattische Tradition zurückgehenden Festritual, dem «Marktplatzfest», ein Umzug mit Tierstandarten eine zentrale Rolle spielt, Standarten, die unmittelbar an die frühbronzezeitlichen Funde von Alaca Höyük erinnern (vgl. S. 13).

Die größte Gruppe der religiösen Texte stellen die Festbeschreibungen dar. Inhaltlich beziehen sich diese Texte auf die regelmäßig zu absolvierenden Kultfeiern bzw. die speziellen, im Jahresablauf zu bestimmten Zeiten durchzuführenden Götterfeste, die nicht nur in der Hauptstadt selbst, sondern in den verschiedensten regionalen Zentren stattfinden konnten. Über die tägliche Götterversorgung in den zahlreichen Tempeln in Hattusa und den Hunderten von größeren und kleineren Städten, für die sich ebenfalls einzelne Tempel, heilige Stätten, Opferungen und Kultpersonal nachweisen lassen, erfahren wir viele wichtige Einzelheiten aus einer umfangreichen Instruktion für Tempelbedienstete. Sie gibt sehr genauen Einblick in die Aufgaben und Verhaltensregeln des Tempelpersonals – von Dienstzeiten über zu beachtende Reinheitsvorschriften bis hin zu Regelungen über Gaben aus Tempelbesitz und Richtlinien, die Korruption und Unterschlagung vorbeugen sollen; selbst die «Weiterverwertung» von Opfergaben nur innerhalb der Familie der Bediensteten wird angesprochen.

Von den in den Festritualtexten beschriebenen regelmäßig wiederkehrenden Festen, über deren Anlaß wir freilich oft nur spekulieren können, lassen sich etwas mehr als 150 verschiedene namentlich festmachen. Sie verzeichnen die typischen Opferhandlungen im Rahmen regelmäßig wiederkehrender Kultfeiern im Dienste der Götter und dürften in enger Verbindung mit der staatlichen Organisation der Kultversorgung zu sehen sein; darauf weist das Bemühen hin, vor allem Aspekte der Versorgung der Götter mit der richtigen und regelmäßigen Anzahl an Opfern zu gewährleisten. Entsprechend sind detaillierte Beschreibungen der kultischen Abläufe in den Festritualen meist ausgespart. Auf liturgische Gesänge oder Rezitationen, die die Ritualhandlungen begleiten, wird in der Regel nur verwiesen; der Verweis erfolgt in seltenen Fällen auf bestimmte Tafeln, auf denen die entsprechenden Texte verzeichnet waren, die sich aber nicht erhalten haben. Standardmäßige Handlungen müssen nicht konkret verzeichnet werden, ebensowenig alle für die Beteiligten als bekannt vorauszusetzenden Aspekte. Nur einige wenige Tafeln enthalten tatsächlich genauere Beschreibungen der Abläufe einzelner Feste, allerdings bleiben auch in diesen Fällen noch viele die einzelnen Handlungen betreffende Fragen offen. Die meisten Festritualbeschreibungen haben dagegen viel eher den Charakter von Verwaltungstexten. Da es ganz überwiegend diese Art von Quellen ist, die uns über die hethitische Religion informiert, erfahren wir über Eigenschaften und Funktionen der meisten Götter auch relativ wenig. Angesichts der enormen Anzahl der in den Texten belegten Götternamen helfen auch die wenigen mythologischen Texte kaum weiter.

Zwar werden immer wieder pauschal die «1000 Götter des Hatti-Landes» erwähnt, in Wirklichkeit dürfte diese Zahl aber nicht ganz erreicht worden sein. Die trotzdem noch immens große Zahl vieler, uns häufig nur dem Namen nach bekannter Gottheiten resultierte aus der geringen Neigung, auch Panthea mit nur lokaler Bedeutung durch ein zentrales Pantheon zu ersetzen. Besonders deutlich zeigt sich dies an der großen Anzahl der diversen Wettergottgestalten: Die zahlreichen lokalen Wettergötter blieben neben dem an der Spitze des zentralen Pantheons stehenden Wettergott Taru erhalten, wurden von diesem aber durch verschiedene Epitheta – schmückende bzw. charakterisierende Beiwörter – oder eigene Namensformen unterschieden. Die Repräsentanten besonders wichtiger lokaler Zentren konnten darüber hinaus in das zentrale Pantheon eingegliedert werden; so wird der Wettergott der alten Kultstadt Nerik im Norden Anatoliens zum Sohn des obersten Wettergottes.

Selbst innerhalb des Staatspantheons blieben wirkliche Synkretismen – die Verschmelzung verschiedener Göttergestalten zu einer – die Ausnahme, da in der hethitischen Religion die verschiedenen Göttergestalten entsprechend ihrer Position innerhalb des «Systems» bzw. in bezug auf ihre spezifische Funktion nebeneinander gestellt wurden; der Typus einer Gottheit war ausschlaggebend etwa als Sonnengott, Wettergott oder göttliche Magierin. Etwas weiter in Hinsicht auf einen Ausgleich zwischen verschiedenen religiösen Vorstellungen geht eine Passage aus einem Gebet der Königin Puduhepa aus dem 13. Jahrhundert über die zentrale weibliche Göttin des Pantheons: «Sonnengöttin von Arinna, aller Länder Königin! Im Hatti-Lande setztest du (dir) den Namen Sonnengöttin von Arinna, jedoch in dem Lande, das du zu dem der Zeder machtest [das ist Syrien], setztest du (dir) den Namen Hebat.»

Anstatt die eigenen religiösen Vorstellungen mit Macht zu verteidigen, haben die Hethiter scheinbar besonders großen Wert darauf gelegt, Fremdes aufzu- und zu übernehmen. Die Konsequenzen können aus heutiger Sicht verwirrend wirken:

Zentralszene aus dem Felsrelief von Yazilikaya, nahe Hattusa, mit dem obersten Götterpaar Tessub und Hebat

das zeigt sich in den Texten, die manchmal sehr heterogene Elemente kombinieren, aber genauso im Bildprogramm der zentralen Kultstätte von Yazilikaya bei Hattusa: Das Felsrelief stammt aus dem 13. Jahrhundert und stellt das zentrale Pantheon des hethitischen Staates dar. Die Identifizierung der Göttergestalten zweier getrennter, sich aber aufeinanderzubewegender Prozessionen weiblicher und männlicher Göttergestalten wird dabei durch hieroglyphische Namensbeischriften ermöglicht. Dargestellt sind also die wichtigsten Gottheiten des hethitischen Pantheons, die nicht etwa mit den traditionellen einheimisch-hethitischen Namen bezeichnet werden, sondern vorwiegend mit hurritischen Götternamen wie Tessub und Hebat usw., die wiederum mit luwischen Hieroglyphen geschrieben sind.

An der Spitze des Pantheons stand der Wettergott mit Namen Taru oder Tarhunt, der auch als Stier dargestellt werden konnte und als «König des Himmels» und «Herr aller Länder» galt;

seine häufig dargestellten Attribute waren Keule oder Blitz; im hurritischen Bereich entspricht ihm Tessub. Die zentrale weibliche Gestalt des Pantheons war die Sonnengöttin, die später den Beinamen «von Arinna» erhielt, die «Mutter des Landes». Erst allmählich fand auch eine männliche Sonnengottgestalt Eingang, die nach dem Vorbild des mesopotamischen Schamasch die Funktion des Richtergottes übernahm. Als Sohn des Wettergottes gilt Telipinu, ein Vegetationsgott. Von ihm berichtet ein Mythos, wie er aus Zorn verschwindet, so daß alles Wachstum zum Stillstand kommt und eine Notzeit anbricht. Erst nach einer rituellen Besänftigung des göttlichen Zorns kann der alte Zustand wieder hergestellt werden – ein sicherlich einheimisch-anatolisches Motiv, das in verschiedenen Versionen belegt ist. Neu in das Pantheon integriert werden in späterer Zeit aufgrund des hurritischen Einflusses Göttergestalten wie die Schwester des Tessub, Schauschka (von Ninive), eine Ischtar-Gestalt – eine mächtige weibliche Gottheit im mesopotamischen Pantheon, die sowohl Krieg und Gewalt als auch Liebe verkörpern konnte.

Der Aufwand für den täglichen Kult der Götter war immens. Nicht nur in den zahlreichen Tempeln der Hauptstadt, auch überall im Lande in den Siedlungen oder in Kultstätten außerhalb, etwa auf Bergen, in Hainen, an Quellen und Grotten, waren die kultischen Verpflichtungen gegenüber den Göttern zu erfüllen. Dabei waren in der Hauptstadt der König und die Königin meist direkt involviert; doch auch außerhalb Hattusas gab es Anlässe, bei denen die Anwesenheit des Königs unverzichtbar war.

Bildliche Darstellungen haben sich vergleichsweise wenige erhalten, aber sogenannte Bildbeschreibungstexte vermitteln uns immerhin eine Vorstellung von der Repräsentation der Gottheiten in Statuen, Stelen und Kultgegenständen sowie der Ausgestaltung der Tempel und anderer Kultorte.

3.4. Gesellschaft und soziale Strukturen

Die Beschreibung der hethitischen Gesellschaft und Wirtschaft stellt ein ganz besonderes Problem dar, da gerade die schriftliche Überlieferung in dieser Hinsicht nur sehr beschränkt Informationen liefert. Im Unterschied zu vielen anderen keilschriftlichen Archiven haben sich aus den Tontafelsammlungen der Hauptstadt Hattusa praktisch keine Wirtschafts- oder Verwaltungstexte erhalten. Es fehlt also gerade der Typ von Urkunden, denen man in der Regel sehr viel über unterschiedliche soziale Gruppen, soziale Hierarchien und das Funktionieren einer Gesellschaft und ihrer Wirtschaft entnehmen kann. Eigentlich ist dieses Faktum erstaunlich angesichts der großen Zahl offizieller Gebäude, die in der hethitischen Hauptstadt ausgegraben wurden – kann man doch davon ausgehen, daß gerade die Verwaltung und Organisation eines derart großen Territoriums eine entsprechende schriftliche Überlieferung mit sich gebracht haben muß.

Die Gründe für das Fehlen dieser Quellengruppe wurden immer wieder diskutiert. Der Fund einer großen Gruppe vor allem von Siegelbullen im Bereich der Oberstadt von Hattusa, der in den 1990er Jahren gemacht wurde, könnte aber den entscheidenden Hinweis für die Richtigkeit einer schon vor längerer Zeit aufgestellten These liefern. Sollte sie zutreffen, würde dies allerdings bedeuten, daß die entsprechenden Texte tatsächlich für immer verloren sind und nicht etwa eines Tages noch an einer anderen Stelle der Hauptstadt auftauchen könnten: Bereits in den 50er Jahren war dem Ausgräber von Hattusa, Kurt Bittel, aufgefallen, daß in verschiedenen Gebäuden, in denen sich auch eine größere Anzahl von Tontafeln fand, eine Häufung von Tonbullen zu verzeichnen war. Tonbullen nennt man mehr oder weniger geformte Tonklumpen, auf denen einmal oder mehrfach ein bestimmtes Siegel eingedrückt war und die meist noch einen oder mehrere Kanäle erkennen lassen, die ursprünglich der Führung von Schnüren dienten, mit denen die Tonklumpen an Tafeln oder anderen Gegenständen befestigt werden konnten.

Der naheliegende Gedanke war, daß es sich dabei um Siegelbullen handelte, die ursprünglich zu Urkunden gehörten. Doch von ebendiesen Texten war keine Spur vorhanden. Lediglich einige wenige Tontafeln, sogenannte Landschenkungsurkunden, wiesen ihrerseits Schnurkanäle auf, was für die Befestigung solcher Tonbullen sprechen konnte. Allerdings war ihre Zahl im Vergleich mit der Anzahl der Tonbullen viel zu gering und deckte vor allem auch ganz andere chronologische Abschnitte ab. Landschenkungsurkunden in Form der typischen kissenförmigen Tontafeln mit einem zentralen Siegelfeld, auf dem ein Königssiegel abgedrückt ist, gibt es nur bis etwa ins 15. Jahrhundert. Die Tonbullen aber datieren nach Ausweis darauf befindlicher identifizierbarer Siegel bis in die letzte Phase der hethitischen Geschichte. Da Tontafeln normalerweise eine Brandkatastrophe nicht nur überstehen, sondern durch das Feuer sogar noch widerstandsfähiger werden, ist die naheliegendste Erklärung, daß die ursprünglich zu den Tonbullen gehörenden Texte auf vergänglichem Material geschrieben waren, am ehesten wohl auf Holztafeln. Vermutlich wurde für diese Aufzeichnungen auch nicht Keilschrift verwendet, sondern die Hieroglyphenschrift. Für diese Annahme spricht zum einen die Existenz von Holztafelschreibern, die in keilschriftlichen Texten sehr oft erwähnt werden, zum anderen aber das Aufkommen der Verwendung der Hieroglyphen gerade ab der Zeit, da die Landschenkungsurkunden zu verschwinden beginnen. Auch auf Gefäßen finden sich häufig Hieroglyphenzeichen eingeritzt, was für die Verwendung dieser Schriftform gerade für Verwaltungszwecke sprechen könnte.

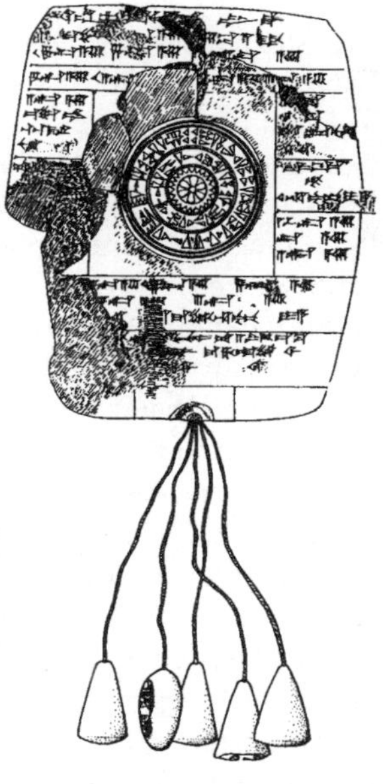

Landschenkungsurkunde mit daran befestigten Siegelbullen

Die Entdeckung des großen Archivgebäudes in der Oberstadt von Hattusa im sogenannten Westbau mit mehreren Dutzend Landschenkungsurkunden, vor allem aber mit mehr als 2000 Siegelbullen scheint exakt diese These zu bestätigen. Betrachtet man die Fundkarte des Gebäudes genauer, so kann man sogar feststellen, daß die Verteilung der Tonbullen auf dem Boden des Gebäudes eine ursprüngliche Ordnung der Texte in den Regalen widerspiegelt. Als das Gebäude durch ein Feuer zerstört wurde, verbrannten nicht nur die Holzregale, in denen sich die Urkunden befanden, sondern es verbrannten auch die allermeisten, auf Holztafeln geschriebenen Urkunden. Dabei fielen die Tonbullen zu Boden, wobei entsprechend der chronologischen Ordnung nach Königsnamen in den Regalen die Bullen auch am Boden bestimmte Häufungen ergaben. Die erhaltenen Landschenkungsurkunden und das völlige Fehlen anderer Textformen legen in der Tat den Schluß nahe, daß hier ursprünglich ein Verwaltungsarchiv untergebracht war. Damit fände auch der eklatante Mangel an Wirtschafts- und Verwaltungstexten aus Hattusa eine Erklärung – so bedauerlich die Konsequenzen für die hethitologische Forschung auch wären.

Was wir über die soziale und wirtschaftliche Struktur des Hethiterreiches wissen, beruht aus diesem Grunde also ganz überwiegend auf eher vereinzelten Informationen anderer Textgruppen, aus denen man versuchen kann, mehr oder weniger plausible Modelle abzuleiten. Die einzelnen sozialen Gruppen wirklich zu definieren und zu beschreiben ist nicht möglich. Deutlich wird immerhin, daß es eine prinzipielle Unterscheidung zwischen Freien und Unfreien gab. Doch auch die als «Freie» bezeichneten Personen waren deshalb nicht gänzlich frei von Abgaben oder Steuern. Solche waren auch von «Freien» zu leisten, wenn sie ein Stück Land zur Bearbeitung übernommen hatten. Wir wissen auch von großen Stiftungen, die eingerichtet wurden, um etwa die erforderlichen Leistungen für die Kultversorgung verstorbener Könige zu erbringen, wobei die Menschen, die in solchen Stiftungen lebten, die ganze Siedlungen oder kleinere Regionen umfassen konnten, bestimmten Restriktionen in Hinsicht auf ihre Mobilität unterworfen waren.

Je weiter man die soziale Pyramide hinaufsteigt, um so besser ist naturgemäß die Informationslage über die Angehörigen der betreffenden Gesellschaftsschicht. So ist offensichtlich, daß – nicht untypisch für die Zeit – vor allem die Mitglieder der königlichen Familie, der herrschenden Dynastie, zu den eigentlich Mächtigen gehörten. Schon in althethitischer Zeit war es üblich, daß der König einige seiner zahlreichen Söhne als Verwalter oder lokale Machthaber in den zu beherrschenden Territorien einsetzte. Man baute auf eine gewisse Familiensolidarität und stützte sich in erster Linie auf persönliche Beziehungen. Daß dies nicht immer funktionierte, belegen die Fälle, in denen amtierende Könige von Familienmitgliedern gestürzt oder ermordet wurden. Dies gab es nicht nur in der althethitischen Zeit, sondern so erfolgreiche Könige wie Suppiluliuma I. oder Hattusili III. waren eigentlich Thronräuber und Usurpatoren.

An der Spitze des Staates stand der König selbst, uneingeschränkt in seiner Macht und als Oberherr des Kultes gleichsam auch eine sakrale Person, der man sich nur unter Einhaltung strenger Reinheitsvorschriften nähern durfte. Es ist kein einziger Fall bekannt, daß ein herrschender König in irgendeiner Weise in seinen Entscheidungen beschnitten worden wäre. Das schließt nicht aus, daß auch der König eine Gruppe von Personen um sich versammelte, mit denen er sich beriet, aber eine feste Institution in diesem Sinne, eine Art Rat gab es nicht. Am nächsten kommt dem allenfalls die Versammlung, die mit dem hethitischen Wort *pankus* («Gesamtheit») bezeichnet wurde, deren Empfehlungen aber für den König ebenfalls nicht bindend waren. Schon Hattusili I. empfahl in seinem sogenannten Testament seinem Nachfolger, er möge sich zwar den Rat anderer anhören, aber letztlich allein nach seinem Willen entscheiden.

Der König selbst stützte sich in zunehmendem Maße im Laufe der hethitischen Geschichte auf eine stattliche Anzahl von Beamten, Funktionären und Militärs, die sich in den höchsten Positionen aus dem großen Kreis der königlichen Dynastie und einigen mächtigen Familien rekrutierten. Ob andere, besonders fähige Leute die Möglichkeit zum sozialen Aufstieg besaßen, können wir nur vermuten. Unklar ist, woher sich die große

Masse der staatlichen Funktionsträger rekrutierte, ob Ämter erblich, Laufbahnen streng geregelt, Funktionen klar abgegrenzt waren. Sicherlich gab es kein dem mittelalterlichen Lehenswesen vergleichbares System der Vergabe von Land gegen Dienstpflichten, und auch Landbesitz außerhalb der Verfügungsgewalt des Palastes muß es gegeben haben.

Ungünstiger bestellt ist es mit dem Informationsstand, was die soziale Schichtung insgesamt angeht. Wir können also keine Aussagen darüber machen, welche Statuspositionen erblich waren oder welche Chancen sich einem durch persönliche Leistung oder besondere Fähigkeiten boten, ob etwa bestimmte Priestergruppen eine besondere Stellung beanspruchen konnten oder ob sie mit Handwerkern gleichgestellt waren. Wir können nicht einmal sagen, ob überhaupt und wenn ja welche Gruppen der zahlreichen in den Texten belegten Kultfunktionäre ausschließlich dieser Tätigkeit nachgingen, ob die auftretenden Musikanten im Dienst der Tempel oder des Staates standen oder ob sie daneben noch ganz andere Pflichten und Aufgaben hatten.

3.5. Wirtschaft und landwirtschaftliche Produktion

Die wichtigsten Wirtschaftseinheiten waren neben dem königlichen Palast sicherlich die verschiedenen Tempel, auch wenn über ihre konkrete Funktion Informationen fehlen. Aber zum Personal der Tempel gehörten keineswegs nur Kultfunktionäre, sondern auch die verschiedensten handwerklichen Berufe, außerdem Schreiber und viele mehr. Eine leider unvollständige Liste von Tempelpersonal listet außerdem überraschend viele Musiker und Sängerinnen auf. Mit den Tempeln verbunden waren vermutlich auch größere Werkstätten für die Produktion des riesigen Bedarfs an Keramik, die aufgrund ihrer fast schon an maschinelle Fertigung erinnernden Uniformität im großen Stil und unter einer zentralen Leitung hergestellt worden sein muß. Ähnliche Arbeitsstätten muß es auch für die Weiterverarbeitung vor allem von Wolle und anderen Produkten gegeben haben. Aber darüber fehlt jegliches Quellenmaterial.

Der Großteil der Wirtschaft bzw. der agrarischen Produktion

lag aber wohl in der Hand einfacher Familien, das heißt sie beruhte auf einer «Hauswirtschaft» im klassischen Sinne. Vermutlich mußten diverse Abgaben und Dienstleistungen erbracht werden, deren Höhe sich aber nicht quantifizieren läßt. Daß zu solchen Dienstleistungen auch der Dienst im hethitischen Heer zählte ist eher unwahrscheinlich. Die Armee scheint vielmehr weitgehend aus Söldnern oder von Vasallen gestellten Truppenkontingenten bestanden zu haben. Selbst Gruppen der bereits erwähnten Kaskäer befanden sich unter den hethitischen Truppen, die Muwatalli II. gegen Ramses II. führte.

Nicht nur die großen Silos in der Hauptstadt belegen, daß die landwirtschaftliche Produktion die Basis der Wirtschaft war. Die enorme Anzahl der verschiedensten Brot- oder sonstigen Gebäckbezeichnungen unterstreicht, welch hohe Bedeutung dabei den verschiedenen Getreidesorten als Grundnahrungsmittel zukam, in aller erster Linie Weizen und Gerste. Einen besonderen archäologischen Glücksfall stellen dabei die vor einigen Jahren in Hattusa entdeckten riesigen Getreidesilos dar, die die vielleicht größte Menge an konserviertem antiken Getreidevorkommen überhaupt enthielten, wenn auch in verbranntem Zustand. Es bot sich so die Möglichkeit, umfangreiche naturwissenschaftliche Untersuchungen vorzunehmen, die nicht nur eine sehr genaue Bestimmung der angebauten Getreidesorten selbst ermöglichten, sondern dank der mit den Getreidekörnern zusammen in die Silos geratenen Pollen auch interessante Einblicke in die mit dem Getreide auf den Feldern vergesellschafteten sonstigen Pflanzen wie Unkraut oder Pflanzenschädlinge gaben. Die Standardgetreidesorten waren Einkorn, Emmer und die sogenannte Spelzgerste. In Vorratsgefäßen in Gebäuden der Stadt ließen sich zudem Nacktweizen sowie Dinkel und Hirse nachweisen. Die Felder wurden mit einem Ritzpflug bearbeitet, der mit einer Rinne versehen sein konnte, so daß das Saatgut direkt in die von der Pflugschar gezogene Erdritze fiel; der die Erdscholle wendende Pflugtyp war noch unbekannt. Weitere Acker- bzw. Gartengeräte, wie Hacken, Schaufeln oder Sicheln, werden in den Texten genannt. Wie allerdings die Arbeit auf den Feldern organisiert war, läßt sich schwer sagen. In einem Verwaltungsbrief wird einmal eine rund 20 Mann starke Gruppe unter einem Aufseher erwähnt, die Felder zu bearbeiten hatte und dafür mit Gerstenrationen entlohnt wurde. Sicherlich wurden auch die in den historischen Texten in großer Anzahl erwähnten NAM.RA eingesetzt, d.h. Bevölkerungsgruppen, die im Laufe von Feldzügen der hethitischen Könige gefangengenommen und deportiert worden waren.

Die NAM.RA tauchen auch als Arbeitskräfte in privaten Hauswirtschaften auf, wo sie neben den Familienmitgliedern eingesetzt wurden. Darüber aber, ob sie von staatlicher Seite zugeteilt wurden oder vielleicht das Familienoberhaupt selbst sie von einem Feldzug, an dem er teilnehmen mußte, als Beute mitgebracht hatte, kann nur spekuliert werden. Grundsätzlich war die Situation in Kleinasien mit der in Mesopotamien nicht vergleichbar, da die Organisation der landwirtschaftlichen Arbeiten sicherlich unabhängig von der staatlichen Organisation erfolgte, weil nie derselbe Bedarf an organisierten großmaßstäblichen Arbeiten bestand, wie dies für die Bewässerungswirtschaft im Zweistromland typisch war. Deshalb dürfte bei den Hethitern auch vieles kleinräumiger und lokaler organisiert gewesen sein. Das erklärt auch, daß entsprechende Maßnahmen wie z. B. der Bau und die Unterhaltung von Kanälen kein Bestandteil der Selbstdarstellung der hethitischen Könige war. Lediglich die Bevorratung, wie sie durch die bereits erwähnten Speicher zum Ausdruck kam, war eine Aufgabe der zentralen königlichen Verwaltung, was sich auch sehr gut an der Entwicklung der Gefäßtypen ablesen läßt. Bereits in der althethitischen Zeit beginnen große Vorratsgefäße (griechisch: *Pithoi*) innerhalb der privaten Haushalte zu verschwinden. Es war offensichtlich nicht mehr für jeden Haushalt notwendig, zumindest nicht im Bereich der Hauptstadt selbst, Vorratshaltung zu betreiben, sondern man konnte dort bei Bedarf auf staatliche Institutionen zurückgreifen. Ein ähnliches Phänomen zeigt sich auch bei der Viehhaltung. In diesem Zusammenhang findet ebenfalls ein Übergang von der reinen Eigenversorgung zu einer gelenkten Massenproduktion statt, die nur durch den Eingriff einer zentralen

Verwaltung zu erklären ist. Die wichtigsten Herdentiere waren insbesondere Schafe und Ziegen, hinzu kamen Rinder, die zwar eine geringere Rolle für die Ernährung spielten, aber als Pflug- oder Zugtiere eingesetzt wurden. Eine gewisse Rolle bei der Ernährung dürfte auch die Jagd gespielt haben. Die Verwendung von Salz, nicht nur als Würzmittel, sondern auch zu Konservierungszwecken war bekannt; ein Text erwähnt ein spezielles Gefäß mit Salz als Geschenk für den hethitischen König. Überhaupt erstaunt, welche Luxusgüter sich der hethitische Hof offenbar liefern ließ – selbst Austern waren wohl keine Seltenheit auf dem Tisch des Königs.

Als Nutztiere vielfältig einsetzbar waren ferner Esel; Pferde hingegen, für die die Hethiter bekannt waren, wurden besonders als Streitwagenpferde eingesetzt und waren dementsprechend von großem Wert. Ein umfangreicher Text in hethitischer Sprache, der ursprünglich von einem aus dem hurritischen Mittani stammenden Pferdetrainer verfaßt worden ist, enthält eine Art Lehrbuch für die Ausbildung von Streitwagenpferden in Hinblick auf ihre Ausdauer, aber auch auf die Koordination der Pferde als Gespann, was hinsichtlich der Verwendung im Kampf besonders wichtig war.

Ergänzend zu den verschiedenen Getreidearten wurden auch alle möglichen Gemüsepflanzen angebaut; dazu zählten verschiedene Bohnensorten, wahrscheinlich auch Kichererbsen und eine Linsenart sowie verschiedene Zwiebelgewächse wie (Gemüse-)Zwiebeln und Knoblauch oder Lauch. An Bezeichnungen ist eine Vielzahl mehr belegt, aber die Deutung dieser manchmal nur mit sumerischen Keilschriftzeichen in den Texten erwähnten Produkte ist naturgemäß nicht einfach, solange Beschreibungen fehlen. Für die Ernährung kam der Deckung des Fettbedarfs große Bedeutung zu, der nicht nur durch tierisches Fett – Schaf- oder Schweinefett –, sondern vermutlich in größerem Umfang durch pflanzliche Öle gedeckt wurde. Dabei spielten natürlich Oliven eine wichtige Rolle, aber ebenso Sesam und Leinsamen.

Mit dem Ende des hethitischen Reiches ändert sich das Bild wieder, und die Zusammensetzung der Viehbestände entspricht wieder jener, die man für die Selbstversorgung von einzelnen Haushalten erwarten darf. Gerade die Viehhaltung bietet sich freilich in weit größerem Maße an, zu einer Gemeinschaftsaufgabe zusammengefaßt und zentral gelenkt zu werden, während in anderen Bereichen der landwirtschaftlichen Produktion auch die Entstehung einer hethitischen Großmacht kaum zu Änderungen geführt haben dürfte, so daß diese weiterhin traditionell organisiert blieben und in der Verantwortung der einzelnen Haushalte verblieben. Typisch dafür ist die häufige Kombination von Gartenanlagen mit Obstbaumplantagen. Belegt sind unter anderem Apfel-, Kirsch-, Birn-, Pflaumen- oder Granatapfelbäume, daneben auch Nuß- oder Mandelbäume, während Olivenbäume sicherlich nur in ganz speziellen Gegenden, die über ein günstiges, eher mediterranes Klima verfügten, gediehen, wofür eher küstennahe Regionen im Süden, teilweise aber auch im Norden in der Nähe des Schwarzen Meeres in Frage gekommen sein dürften.

Nach Aussage der Texte spielte der Wein eine erstaunlich große Rolle, der schon hethitisch *wijana-* hieß, also mit demselben Wort bezeichnet wurde, das auch wir heute noch verwenden und das im gesamten Mittelmeerraum in den diversen Sprachen verbreitet war. Innerhalb des Kultes werden Trankopferspenden mit den verschiedensten Arten von Wein – es gibt roten, guten, süßen, sauren und anderen mehr – häufig erwähnt. Die Hethitischen Gesetze enthalten eine spezielle Regelung für den Fall, daß jemand einen Weinstock schädigt; die Strafe für den Diebstahl eines Weinstockes wird in der jüngeren Fassung der Gesetze sogar versechsfacht. Als alltägliches Getränk spielte allerdings Bier in verschiedenen Sorten eine größere Rolle. Dabei kam es beim Bier nicht in erster Linie auf den Alkoholgehalt und seinen Gebrauch als Rauschmittel an, vielmehr erfüllte es schwach alkoholisch den Zweck, daß es so besser zu bevorraten war als reines Wasser, das leichter durch Keime verunreinigt wurde und schneller verdarb. Die Bierproduktion wurde in speziellen Brauereien in unterschiedlichen, aufeinander abgestimmten Gefäßen durchgeführt und zwar so, daß kontinuierlich ein frisches Getränk zur Verfügung stand. Die

Normgrößen der einzelnen Gefäße lassen überdies erkennen, daß hier ebenfalls eine zentrale Organisation im Hintergrund stand.

Holz spielte selbstverständlich eine große Rolle und war, anders als heute auf der anatolischen Hochebene, reichlich vorhanden. Es bestand nicht nur Bedarf an Bau- und Brennholz, sondern es wurde vor allem auch eingesetzt, um die großen Mengen an Holzkohle zu produzieren, die wiederum bei der Verhüttung von Erzen und in der Metallverarbeitung unersetzlich waren. Man schätzt, daß ursprünglich mehr als zwei Drittel der Landschaft Zentralanatoliens bewaldet waren – meist wohl Laubwälder. Jedoch ging der Waldreichtum bereits seit der frühen Bronzezeit in vielen Regionen zurück, und zwar nicht nur aufgrund des generell immer stärker ansteigenden Holzbedarfs, sondern weil infolge einer intensivierten Viehhaltung die Tiere durch den Verbiß auf Dauer großen Schaden anrichteten und die Regeneration des Bewuchses verhinderten. So kann man heute in Anatolien die interessante Beobachtung machen, daß mit dem Rückgang der Ziegenhaltung aufgrund der schwindenden wirtschaftlichen Bedeutung die lange Zeit wenig erfolgreichen Versuche zur Aufforstung sich zunehmend positiver entwickeln als noch vor einigen Jahren.

Wassermangel scheint im hethiterzeitlichen Anatolien ebenfalls noch kein Problem gewesen zu sein, auch wenn, wie neueste archäologische Forschungen gezeigt haben, die Hethiter bereits über ein enormes Wissen bei der Anlage von Dämmen oder künstlichen Wasserspeichern verfügten. Kanalanlagen zur Bewässerung der Felder scheint es indes – wie bereits angedeutet – kaum gegeben zu haben.

Es ist sicherlich kein Zufall, daß praktisch während der gesamten hethitischen Geschichte nie Klagen über Hungersnöte oder Versorgungsschwierigkeiten in den Texten aufscheinen. Auf der anderen Seite belegen die Siloanlagen der hethitischen Hauptstadt mit ihrem enormen Fassungsvermögen, daß es der Verwaltung gelungen sein muß, effektiv zu arbeiten und kontinuierlich hohe oder zumindest ausreichende Erträge zu erwirtschaften. So ist es sicherlich auch kein Zufall, daß erst ganz am

Ende – als sich die Krisensymptome in den verschiedensten Bereichen häuften, die internen Spannungen zunahmen und die Autorität des in Hattusa residierenden Großkönigs nicht mehr unumstritten war – auch erstmals Hinweise auf eine wirtschaftliche Notlage zu finden sind und man sich sogar von Hattusa aus an Ägypten mit der Bitte um Getreidelieferungen wenden mußte.

4. Von der Weltmacht zum Ende der hethitischen Geschichte

4.1. Herrschaftssicherung und Großmachtpolitik (ca. 1320–1270)

Mursili II. Mit dem überraschenden Tod Arnuwandas II. trat die Situation ein, in der sich die von Suppiluliuma I. geschaffene Großmacht bewähren mußte. Als jetzt Mursili II., ein jüngerer Bruder des verstorbenen Herrschers, der noch keine Gelegenheit gehabt hatte, sich einen Namen zu machen, den Thron in Hattusa bestieg, wurden die Risiken, die sich aus dem personenbezogenen Bündnissystem ergaben, besonders augenfällig. Der noch sehr junge und offenbar weitgehend unbekannte König sah sich bei seinem Regierungsantritt mit einer sehr kritischen Situation konfrontiert, die er selbst gleich zu Beginn seiner Annalen prägnant beschreibt: «Als ich mich noch nicht auf den Thron meines Vaters gesetzt hatte, da wurden mir die benachbarten Feindesländer alle feindlich. Als mein Vater Gott geworden war (d.h.: starb), da setzte sich mein Bruder Arnuwanda auf den Thron, aber danach erkrankte er. Als aber die Feindesländer hörten, er sei krank, da begannen sie feindlich zu werden. Als aber Arnuwanda, mein Bruder, Gott geworden war, da begannen auch alle Feindesländer, die noch nicht feindlich geworden waren, ebenfalls feindlich zu werden. Und die benachbarten Feindesländer sprachen so: ‹Sein Vater, der König des Hatti-Landes war, der war als König ein Held, und er hatte die Feindesländer besiegt. Und jetzt ist er Gott geworden. Sein Sohn aber, der sich auf den Thron seines Vaters setzte, auch der war früh ein Held, aber er erkrankte und er wurde Gott. Der sich jetzt aber auf den Thron seines Vaters setzte, der ist noch jung, und das Hatti-Land und die Grenzen des Hatti-Landes wird er nicht bewahren!›»

Es war also offenbar kein leichtes Erbe, das Mursili II. auf

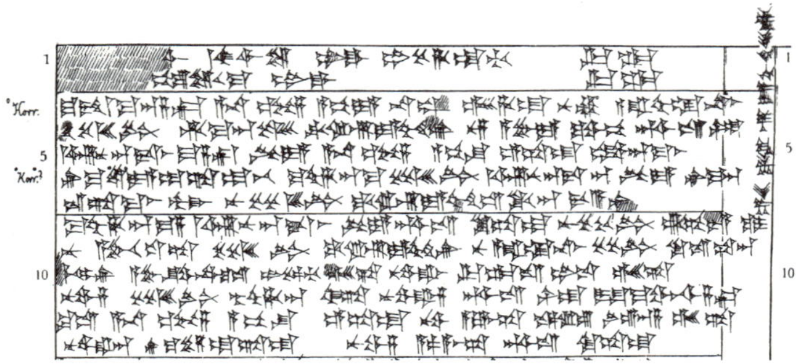

Der Anfang der Annalen Mursilis II. in Keilschrift

diese Weise antrat. Nominell war seine Machtfülle so enorm wie die keines anderen hethitischen Königs vor ihm. Jedoch war seine Legitimation als Sohn eines, wenn auch zugegebenermaßen politisch und militärisch sehr erfolgreichen, Usurpators fragwürdig, und die Grenzen des Machtgebildes, das er übernahm, reichten weiter als jemals zuvor. Niemals vorher waren so viele Herrscher angrenzender Territorien vertraglich an den hethitischen König gebunden wie zu jenem Zeitpunkt, als sich das 14. Jahrhundert seinem Ende zuneigte. Doch es gab auch Punkte, die für ihn sprachen. Innerhalb der Königsfamilie scheint seine Position ungefährdet gewesen zu sein, und die erfolgreichen Heerführer seines Vaters sowie seine Brüder, die Könige von Karkemisch und Halab, standen loyal zu ihm. Hinzu kam, daß zu diesem Zeitpunkt keine der anderen Großmächte eine wirkliche Bedrohung darstellte. Ägypten war aufgrund der Wirren nach der Regierung Echnatons (1353–1336 v. Chr.) noch zu sehr mit sich selbst beschäftigt, und es sollte noch einige Jahre dauern, bis mit Ramses II. ein Pharao wieder in der Lage war, eine offensive Außenpolitik zu betreiben. Der einstmals so mächtige Mittani-Staat war in Auflösung begriffen und konnte sich nur mit Mühe seines östlichen Nachbarn Assyrien erwehren, das vorerst noch damit beschäftigt war, sich endgültig aus der – wenn auch nur noch formalen – Oberherrschaft Babylons zu lösen.

Dieses genaue Bild der historischen Situation verdanken wir der Tatsache, daß kein hethitischer König eine solch umfangreiche historiographische Überlieferung hinterlassen hat wie Mursili II. So ließ er gleich zwei Versionen von Annalenwerken über seine eigene Regierung anfertigen – eine ausführliche Fassung, die nahezu die gesamte Regierungszeit abdeckt, sowie eine kürzere Fassung nur über die ersten zehn Jahre. Und auch über die Taten seines Vaters Suppiluliuma I. entstand ein umfangreiches Werk, das bereits mit den Jahren einsetzt, als Suppiluliuma noch als Heerführer Feldzüge für seinen Vater Tuthalija II. durchführte. Hinzu kommt eine Reihe von Staatsverträgen Mursilis II., die wiederum in teilweise recht umfangreichen Einleitungen den jeweiligen historischen Hintergrund beleuchten. Unverkennbar sind zwar einerseits die intertextuellen Bezüge zwischen diesen verschiedenen Quellengruppen, jedoch bedeutet dies andererseits nicht, daß die inhaltlichen Aussagen und die historischen Details immer deckungsgleich sein müssen. Gerade die Vertragseinleitungen informieren naheliegenderweise über die politische Situation, die zum Abschluß des jeweiligen Vertrages geführt hat, und verfolgen dabei in erster Linie die Absicht, die hethitischen Aktionen grundsätzlich als gerechtfertigt oder, wenn es sich um militärische Aktionen handelt, diese nur als Reaktion auf einen feindlichen Akt darzustellen. Das bedeutet, daß die verschiedenen Dokumente auch ganz verschiedene Intentionen verfolgen können, so daß sie sich in ihren Aussagen im günstigen Falle kontrastieren und verifizieren lassen, nicht selten mit aufschlußreichen Ergebnissen im Detail.

In erster Linie sind die annalistischen Werke Feldzügen und militärischen Auseinandersetzungen gewidmet, selten werden andere Aspekte als berichtenswert angesehen. Diese nahezu endlose Liste an Feldzügen, die ohne Unterbrechung Jahr für Jahr vom König selbst oder auch von Generälen oder Mitgliedern der Königsfamilie oft auf mehreren Kriegsschauplätzen gleichzeitig durchgeführt wurden, kann jedoch mitunter einen falschen Eindruck erwecken: Trotz dieser ständigen Kämpfe war das hethitische Reich in seinem Bestand in dieser Phase seiner Geschichte nicht wirklich bedroht. Das von Mursili II. zu Beginn seiner Regierung gezeichnete Bedrohungsszenario läßt sich zumindest teilweise auch als literarischer Topos deuten, der die Erfolge nur um so bedeutender erscheinen läßt. Mursili II. gelang es indes nicht nur, das Erbe seines Vaters zu erhalten, sondern er dehnte den hethitischen Einfluß noch um einiges weiter aus. Die Bereiche, die in erster Linie für den Aufstieg des Hatti-Landes zur Großmacht verantwortlich waren und die Suppiluliuma I. durch die Errichtung der beiden Sekundogenituren in Nordsyrien und durch ein darauf abgestimmtes Vertragswerk, das zahlreiche Vasallen an das hethitische Reich band, abgesichert hatte, erfüllten ihre Aufgabe auf das beste. Selbst die noch einige Zeit während der Regierung Mursilis II. anhaltende Seuche im Land, von der viele Einwohner betroffen waren, zeitigte zwar schlimme Auswirkungen gerade auch in wirtschaftlicher Hinsicht, doch auch damit wurden die Hethiter fertig.

Die weitgehend stabile Lage in den östlichen Reichsteilen lieferte dem jungen König darüber hinaus den Freiraum, sich Regionen zuzuwenden, die noch nicht dauerhaft unter hethitische Kontrolle gebracht waren oder sich dieser wieder entzogen hatten. Hierzu zählen vor allem die nordanatolischen Regionen mit den dort lebenden Kaskäern; in einer Quelle aus der Regierungszeit Mursilis II. beklagt der König sogar, daß die Gefahr durch die Kaskäer dermaßen zugenommen habe, daß kein Hethiter mehr den Weg ans Schwarze Meer kenne, weil sie bereits seit so langer Zeit von der Küste abgeschnitten seien. Die in den hethitischen Quellen als Kaskäer bezeichnete Bevölkerungsgruppe war mehr als ein Jahrhundert zuvor erstmals in den hethitischen Quellen erwähnt worden und seitdem eine ständige Bedrohung geblieben. Wie schon sein Vater, so versuchte auch Mursili II. nahezu jährlich, kleinere oder größere Feldzüge im nördlichen Zentralanatolien durchzuführen, um die hethitische Bevölkerung gegen die ständigen Überfälle und Plünderungen zu schützen. Er besaß aber kein wirkliches Konzept, um eine dauerhafte Befriedung zu erreichen. Die Politik seines Vorgängers Arnuwanda I., durch vertragliche Regelungen mit den Kaskäern zu einem Ausgleich zu kommen, war so nachhaltig gescheitert, daß kein hethitischer König, soweit wir wissen, diesen diplomatischen Versuch wiederholte. Es sollte noch einige Jahrzehnte dauern, bis sich hier grundlegend etwas ändern sollte und man Mittel und Wege fand, die Gefahr zu beseitigen.

Erfolgreicher war Mursili II. hingegen mit seiner Strategie im Westen Kleinasiens. Früh in seiner Amtszeit, im dritten und vierten Regierungsjahr, unterwarf er nahezu die ganze Westhälfte Kleinasiens und etablierte dort eine neue, umfassende politische Struktur, die den hethitischen Einfluß dauerhaft garantieren sollte. Der Verlauf dieser sich über zwei Jahre hinziehenden militärischen Aktion erwuchs vermutlich nicht aus einer klaren strategischen Zielsetzung, sondern entwickelte sich erst im Laufe des Geschehens. Dafür spricht zum einen, daß der Feldzug erst relativ spät im Jahr begann, und zwar nachdem man bereits von Kämpfen gegen die Kaskäer nach Hattusa zurückgekehrt war. Was die eigentliche Ursache für den Ausbruch der Feindseligkeiten war, ist indes unklar. Den Anlaß jedenfalls lieferte Mursili II. ein Brief an Uhha-ziti, den König des Landes Arzawa, der sich in seiner Hauptstadt Apasa befand, die man immer wieder mit Ephesos identifiziert hat. Mursili II. forderte ihn darin auf, hethitische Flüchtlinge auszuliefern, was dieser nicht wollte oder vielleicht auch gar nicht konnte, weil es diese gar nicht gab. Jedenfalls war dies für die hethitische Seite Anlaß genug, Arzawa den Krieg zu erklären. Zu dieser Zeit gab es im Westen Kleinasiens bereits eine Reihe verschiedener Länder, die von Königen regiert wurden, die ganz unterschiedliche Interessen verfolgten. Im Hintergrund versuchte der König von Ahhijawa, Einfluß auf das Geschehen zu nehmen; welche politische Macht auch immer sich letztlich hinter dieser Bezeichnung Ahhijawa verbergen mag – sie hatte ihren Sitz jedenfalls außerhalb Kleinasiens «im Meer». Der König von Arzawa war ihr wichtigster Verbündeter und wohl auch deshalb das Hauptziel der hethitischen Politik, während andere, wie Mashuiluwa, der König von Mira, sich auf die Seite Hattusas stellten. Obwohl die Truppen Mursilis II. inzwischen Verstärkung durch weitere Truppen erhalten hatten, die sein Bruder, der König von Karkemisch, herangeführte hatte, gelang es zunächst nicht, Uhha-ziti von Arzawa entscheidend zu besiegen. Er selbst floh «über das Meer», während sich die Truppen von Arzawa in einer Stadt verschanzten, die die Hethiter nicht sofort einnehmen konnten. Aufgrund des herannahenden Winters mußten die militärischen Aktionen eingestellt werden. Mursili II. kehrte nicht nach Hattusa zurück, sondern überwinterte bei seinen Truppen. Es sollte noch einige Anstrengungen im Jahr darauf erfordern, bis die Hethiter im ganzen Westen die Oberherrschaft erringen konnten, aber am Ende stellte sich keiner der lokalen Machthaber mehr den Hethitern offen entgegen.

Das politische Konzept, mit dem die einmal errungenen Erfolge abgesichert werden sollten, verrät erstaunliche Souveränität und politische Weitsicht: Im Rückgriff auf lokale Eliten wurden zunächst drei, später dann vier größere Machtgebilde in der Region geschaffen. Die vom hethitischen Großkönig eingesetzten lokalen Könige waren durch ein aufeinander abgestimmtes Vertragswerk, das ihre Pflichten gegenüber dem hethitischen Oberherrn, d. h. vor allem dem hethitischen König, aber auch gegenüber ihrem jeweiligen Nachbarn regelte, in ein Bündnissystem eingebunden, das auf anhaltende Stabilität ausgerichtet war. Nicht nur Widerstände gegenüber dem fernen Oberherrn, sondern auch Rivalitäten untereinander sollten so vermieden werden. Dieses System garantierte dann tatsächlich, von kleineren Unruhen abgesehen, eine dauerhafte politische Kontrolle des gesamten westkleinasiatischen Bereichs nicht nur unter Mursili II.; auch seine Nachfolger sollten davon noch profitieren.

Im östlichen Teil des hethitischen Reiches und an seinen Grenzen setzte Mursili II. ebenfalls die hethitische Politik fort, durch ein differenziertes System vertraglicher Regelungen, die mit den verschiedenen Vasallen getroffen worden waren, die Machtposition Hattusas dauerhaft zu sichern. Karkemisch blieb der wichtigste Brückenkopf am Euphrat gegen die ständig zunehmende assyrische Bedrohung, und man beschränkte sich darauf, diese Position zu halten. In Ugarit wurde direkt interveniert, als die Loyalität des alten Bündnispartners nachzulassen begann. Der regierende Herrscher Niqmaddu II. wurde gegen seinen Sohn Niqmepa ausgetauscht. Das Bündnis mit Amurru erwies sich dagegen als stabil. Und durch weitere Verträge, so auch mit Qadesch, wurde allen ägyptischen Ambitionen ein Riegel vorgeschoben. Das hethitische Reich schien so gefestigt wie nie zuvor, und Mursili II. erwies sich als ein vorausschauender, klug agierender Politiker.

Um so erstaunlicher ist, daß es ihm nicht gelang, auch innerhalb der Königsfamilie selbst für Ordnung zu sorgen. Das Problem bestand in der Witwe seines Vaters, der letzten Frau Suppiluliumas I., die eine babylonische Prinzessin gewesen war. Sie hatte aufgrund ihres Amtes noch immer großen Einfluß und mischte sich weiterhin in die königliche Verwaltung ein. Aus Hattusa wie auch aus Ugarit sind Abdrücke ihres Siegels und eines Siegels, das sie zusammen mit Mursili II. nennt, erhalten. Es kam zu wiederholten Auseinandersetzungen zwischen den beiden, weil Mursili die alte Königin für verschwendungssüchtig hielt; zudem soll sie fremde, wohl babylonische kultische Praktiken eingeführt haben. Es kam zu einem Prozeß, in dem Mursili sie der Hexerei beschuldigte. Eine Sprachstörung, unter der er litt, führte er ebenso darauf zurück wie den Tod seiner Gattin.

Auf dem Höhepunkt der Auseinandersetzung behauptete Mursili II., durch Orakel hätten die Götter ihm das Recht gegeben, die Witwe seines Vaters zu töten, doch wagte er es offenbar nicht, dies auch in die Tat umzusetzen, sondern enthob sie lediglich ihrer Ämter. Dennoch scheint sie am Hof noch weiter Einfluß gehabt zu haben, und die Auseinandersetzungen beschäftigten noch die nachfolgenden Generationen. So bizarr diese Ereignisse auch anmuten, sie hatten jedenfalls keinen nachhaltigen Einfluß – weder auf die Stellung Mursilis II. noch auf seine Nachfolge, die sorgfältig vorbereitet wurde.

Muwatalli II. Muwatalli II. war der Sohn und Nachfolger Mursilis II. Von Problemen oder gar Auseinandersetzungen beim Thronwechsel ist uns nichts bekannt. Überhaupt scheint die Phase seiner Regierung eine Zeit weitgehender innerer Stabilität gewesen zu sein. Außenpolitisch schwelte der Konflikt mit Ägypten weiter und im Osten bahnte sich eine andere für die Hethiter ungünstige Entwicklung an. Zwar schweigen die hethitischen Quellen in der ersten Hälfte des 13. Jahrhunderts noch weitestgehend über das, was in Assyrien geschah, aber sehr schlecht erhaltene Dokumente der diplomatischen Korrespondenz sprechen dafür, daß es direkte Kontakte zwischen den jeweiligen Königen gab. Aus der assyrischen Überlieferung wissen wir, daß der Reststaat Mittani, der jetzt den Namen Hanigalbat trug, den Expansionsbestrebungen Assyriens unter dem mächtigen König Adad-nerari I. nur noch mit Mühe standzuhalten vermochte. Noch aber fungierte Hanigalbat als Puffer zwischen den beiden Großmächten, so daß es vorerst, soweit wir wissen, nicht zu direkten Auseinandersetzungen kam. Allerdings gehört die Regierungszeit Muwatallis II. auch zu jenen Phasen der jüngeren hethitischen Geschichte, für die wir über die geringste Anzahl an Quellen verfügen. Dies dürfte unmittelbar mit der Entscheidung Muwatallis in Verbindung stehen, die hethitische Hauptstadt von der zentralanatolischen Hochebene weiter nach Südanatolien in eine Stadt namens Tarhuntassa zu verlegen, deren genaue Lage bis heute unbekannt ist. Für diese Maßnahme könnten zwei Überlegungen eine Rolle gespielt haben: Einerseits rückte damit das hethitische Machtzentrum deutlich weiter weg von den seit Generationen unruhigen nordanatolischen Gebieten und den ständigen Konflikten mit den dort ansässigen Kaskäern. Ein nach der Verlagerung neu eingerichtetes Unterkönigtum wurde dem Bruder des Königs, Hattusili, übertragen. Der Sitz seines neuen Verwaltungsbereiches war in der nordanatolischen Grenzstadt Hakmis, und Hattusili nannte sich dementsprechend König von Hakmis. Seine Hauptaufgabe bestand darin, endlich den Bereich nördlich der alten Hauptstadt zu sichern bzw. den hethitischen Einfluß wieder weiter auszudehnen, um vielleicht sogar alte traditionelle Kultstädte wie Nerik, die weit im Norden lagen, zurückzuerobern.

Andererseits hatte die Lage der neuen Hauptstadt weiter im Süden nun den Vorteil, daß der hethitische Königshof in Lykaonien oder Kilikien viel näher an die für das hethitische Großreich so wichtig gewordenen Sekundogenituren in Aleppo und Karkemisch rückte, von wo aus die hethitische Einflußzone in Nordsyrien und die angrenzenden Vasallenstaaten kontrolliert wurden. Was letztlich ausschlaggebend für diese Entscheidung war – die Bedrohung durch die Kaskäer oder die Nähe zu den östlichen Reichsteilen – können wir nicht sagen, da keiner der hethitischen Texte einen Hinweis auf die Gründe liefert. Doch bereits Muwatallis Nachfolger kehrte wieder nach Hattusa zurück, wobei jedoch ein wesentlicher Teil der Dokumentation aus den Regierungstagen Muwatallis nicht wieder den Weg zurück in die offiziellen Archive Hattusas fand; so erklärt sich der bemerkenswerte Rückgang an historischen und sonstigen Quellen für die Jahre der Regierung Muwatallis II.

Vielleicht bietet das auch eine Erklärung dafür, daß die wohl berühmteste militärische Auseinandersetzung der gesamten vorderasiatischen Geschichte – der Feldzug Ramses' II., der zur Schlacht bei Qadesch führte – praktisch ausschließlich aus der Sicht der beteiligten Ägypter bekannt ist, während die hethitische Überlieferung darüber schweigt: Nach einer längeren Phase der Schwäche – bedingt durch die inneren Wirren, die der Herrschaft Pharao Echnatons folgten –, in der Ägypten seinen Einfluß in Syrien aus der Zeit der ersten Pharaonen der 18. Dynastie nicht wahrgenommen hatte, trat mit der Regierung Ramses' II. (1279–1212 v. Chr.) eine gravierende Verschlechterung im Verhältnis der Großmächte ein. Ramses II. versuchte, die traditionelle Machtpolitik der Pharaonen des Neuen Reiches wieder aufzunehmen und die Ansprüche Ägyptens offensiv zu vertreten.

Zunächst war sein Ziel, das von den Hethitern etablierte Bündnissystem aufzubrechen und so den hethitischen Einfluß zurückzudrängen. Ein erster Erfolg schien sich abzuzeichnen, als es gelang, das im nördlichen Libanon gelegene Land Amurru, traditionell ein Bündnispartner Ägyptens, zum Bruch des Vertrages zu bewegen, der seit den militärischen Erfolgen Suppiluliumas I. zwischen Hattusa und Amurru bestand und regelmäßig erneuert worden war. Auf diesen diplomatischen Erfolg der Ägypter mußte Muwatalli II. unbedingt reagieren, wollte er nicht eine schrittweise Erosion des hethitischen Vasallensystems riskieren, zumal Ramses II. entschlossen war, Amurru direkt zu unterstützen.

Auch wenn es sich um das unmittelbare militärische Aufeinandertreffen zweier damaliger Großmächte handelte, bei der auf beiden Seiten nicht nur die eigenen Heere, sondern auch die Truppen zahlreicher Verbündeter beteiligt waren, so war es doch die intensive, zum Gutteil innenpolitisch motivierte propagandistische Darstellung in Bild und Text in Ägypten, die diese Schlacht bei Qadesch im Jahre 1275 v. Chr. so berühmt werden ließ. In militärischer Hinsicht war sie keineswegs so einmalig, und ihre politische Bedeutung war auch nur begrenzt. Unverkennbar dient die offizielle ägyptische Lesart dem Zweck, den Ausgang der Schlacht in einen Sieg umzudeuten, den gar der Pharao Ramses II. durch seinen persönlichen Einsatz gleichsam allein herbeigeführt habe. Doch sowohl die Schilderung des Verlaufs der Schlacht als auch die machtpolitische Situation der beteiligten Kontrahenten im Anschluß lassen kaum einen Zweifel daran, daß die Ägypter ihr angestrebtes Ziel nicht erreicht haben. Das von den Hethitern etablierte Vasallensystem und damit ihre Machtstellung im syrischen Raum blieben intakt. In Amurru mußte der König für seine politische Fehlkalkulation bezahlen und wurde durch einen Nachfolger ersetzt, der das Bündnis mit Hattusa erneuerte.

Ramses II. zog daraus die Konsequenz, weitere militärische Anstrengungen einzustellen, und strebte statt dessen eine vertragliche Einigung an, die die Abgrenzung der jeweiligen Interessensphären regelte. Dieser Vertrag ist zwar nicht der erste bilaterale Staatsvertrag der Menschheitsgeschichte, wie immer wieder fälschlich behauptet wird, dennoch bleibt es ein äußerst bemerkenswertes historisches Dokument, dessen Kopie heute im UN-Gebäude in New York ausgestellt ist. Es ist das Zeugnis einer Einsicht in politische Realitäten und der daraus resultierende Versuch, durch eine Verhandlungslösung einen bereits Jahrzehnte währenden Kreislauf von Schlag und Gegenschlag zu durchbrechen. Statt Gewalt anzuwenden, wurde nach einer für beide Seiten akzeptablen Lösung gesucht, die Sicherheit und Frieden sowohl für die Großmächte selbst als auch für die von ihnen abhängigen Vasallen garantierte. Allerdings sollte es noch einige Jahre diplomatischer Bemühungen erfordern, bis dieser

Vertrag ausgehandelt war, bevor er im Jahre 1259 geschlossen wurde – da regierte in Hattusa mit Hattusili III. bereits ein neuer König.

Zu den wenigen historisch bedeutsamen Dokumenten aus der Regierungszeit Muwatallis II. gehört der Vertrag mit Alaksandu von Wilusa. Bereits seit den frühen Jahren der Hethitologie fanden diese beiden Namen ihre Aufmerksamkeit – sah man hier doch einerseits einen Hinweis auf den Namen Alexandros und damit auf eine Schlüsselfigur des Troiamythos, andererseits galt der Siedlungsname Wilusa als Reflex des griechischen Ilion/ Ilios. E. Forrer, der diese und andere Hinweise erstmals im Jahre 1924 unter dem Titel «Vorhomerische Griechen in den Keilschrifttexten von Boghazköi» veröffentlichte, löste damit eine heftige, von massiver persönlicher Polemik geprägte Kontroverse aus, die zu den unerfreulichsten Epochen in der Geschichte der Hethitologie zählt (vgl. S. 20). In der Zwischenzeit hat sich das Urteil in der sogenannten Ahhijawa-Frage, also der Frage, ob in den hethitischen Texten die Achaier, d. h. die mykenischen Griechen, erwähnt sind, von weitgehendem Skeptizismus zu grundsätzlicher Akzeptanz gewandelt. Seit der Neuaufnahme der Grabungen in Troia unter dem viel zu früh verstorbenen Archäologen M. Korfmann und der damit verbundenen Kontroverse um die Einschätzung der Bedeutung des antiken Troia rückten auch dieses Thema und damit die hethitischen Quellen wieder verstärkt ins Zentrum des Interesses.

Einzelne Regelungen des Vertrags zeigen, daß das von Mursili II. begründete Vasallensystem mit mehreren, sich gegenseitig stützenden Fürsten, die alle an Hattusa gebunden waren, noch funktionierte und jetzt um das Königshaus von Wilusa erweitert wurde. Alaksandu begab sich unter hethitische Oberherrschaft; im Gegenzug verpflichtete sich der hethitische König, Alaksandu und seine Nachkommen zu schützen – insbesondere auch gegen Aufruhr im Inneren. Muwatalli II. war seinerseits an einer stabilen Situation in Westkleinasien interessiert, denn ein gewisser Pijamaradu sorgte immer wieder für Unruhe, entzog sich aber dem hethitischen Zugriff durch Flucht aus der Stadt

Milawanda (Milet?) nach Ahhijawa, das also offensichtlich weiterhin versuchte, seinen Einfluß geltend zu machen.

4.2. Außenpolitische Erfolge und innenpolitische Krise (ca. 1270–1240)

Mursili III. Nach Muwatalli II. bestieg sein Sohn Urhi-Tessub den Thron in Hattusa und führte als König den Namen seines Großvaters Mursili. Die Quellenlage für seine Regierung ist relativ dürftig und zudem ausgesprochen tendenziell. Die meisten Informationen stammen aus Dokumenten, die auf Hattusili III. zurückgehen, der seinen Neffen stürzte und sich selbst zum hethitischen König ausrief. Die ersten Jahre regierte Mursili III. noch in Tarhuntassa, bevor er dann aus uns unbekannten Gründen die hethitische Hauptstadt wieder in das alte Zentrum Hattusa verlegte. So fehlen uns für die Ereignisse um den Herrschaftswechsel wie die Anfänge der Regierung Informationen aus erster Hand. Ob Mursili III. tatsächlich nur der Sohn einer Nebenfrau war und er es letztlich seinem Onkel Hattusili verdankte, daß er den Thron besteigen konnte, wie von diesem behauptet, bleibt unsicher. Wir sind hier weitgehend allein auf die Darstellung angewiesen, die aus einer Zeit stammt, als der innenpolitische Machtkampf zwischen Mursili III. und seinem machthungrigen Onkel Hattusili bereits entschieden war. Es ist offensichtlich, daß der aus einem Bürgerkrieg als Sieger hervorgegangene Usurpator Hattusili III. alles daran setzte, seinen Putsch zu beschönigen und seinen Vorgänger ins Unrecht zu setzen. Auf der anderen Seite drückt er seine Befriedigung nach seinem Sieg unverhohlen aus, wenn er davon spricht, daß er Mursili III., immerhin den rechtmäßigen König, «wie einen Fisch im Netz» oder gar «wie ein Schwein in seinem Kofen» gefangen habe.

Andererseits hat sich eine Urkunde erhalten, die von Muwatalli und seinem Sohn gemeinsam gesiegelt wurde, was darauf hindeuten könnte, daß Mursili III. tatsächlich frühzeitig für eine Thronübernahme vorgesehen war. Hattusili, der seine Position als Verwalter und Reorganisator des nördlichen Reichsteiles offenbar genutzt hatte, um sich eine eigene Machtbasis zu schaffen, stellt es so dar, daß er mit seiner eigenen Position durchaus zufrieden gewesen sei und sich gegenüber dem jungen König loyal verhalten habe. Die Rückverlagerung der Residenz nach Hattusa stellte allerdings für Hattusili einen Machtverlust dar, denn vorher hatte die Stadt ihm unterstanden. Hattusili spricht später von «sieben Jahren», in denen zumindest Einvernehmen zwischen seinem Neffen und ihm bestanden hat. Die relativ große Zahl von Siegelbullen mit dem Siegel des Großkönigs Mursili III. spricht dafür, daß er auch in Hattusa noch einige Zeit aktiv regiert hat. Auch wurde er von den Großmächten Ägypten und Assyrien als legitimer Herrscher anerkannt. Zum Konflikt kam es – folgt man weiterhin der Darstellung Hattusilis –, als sein Neffe versuchte, ihn Schritt für Schritt zu entmachten. Schließlich scheint Mursili III. mit einer Armee nach Norden gegen seinen Onkel gezogen zu sein, der sich offenbar widersetzte. Jeder der beiden Kontrahenten hatte seine Parteigänger, die Spaltung reichte bis in die Reihen der Vasallen, ein offener Bürgerkrieg drohte. Hattusili war aber offenbar der militärisch Überlegene – es gelang ihm, Mursili mit seinen Truppen in der alten Kultstadt Samuha einzuschließen. Daraufhin boten Überläufer ihm den Kopf des Königs an, was er aber ablehnte. Er stellte seinen Erfolg als göttliches Urteil dar und forderte das gesamte Land auf, diese Entscheidung zu akzeptieren. Mursili III., den Hattusili beharrlich immer nur Urhi-Tessub nennt, wurde abgesetzt und nach Nordsyrien ins Exil geschickt. Dies stellte eine völlig neue Situation dar, die wahrscheinlich ihren Grund in den Erfahrungen hatte, die man in Hattusa nach dem letzten Thronraub und vor allem nach der Ermordung des legitimen Königs machen mußte. Die von den Göttern dafür verhängte Strafe war noch in guter Erinnerung.

So versuchte Hattusili III. zwar, auf diese Weise der Rache der Götter zu entgehen, doch der abgesetzte König war nicht so einfach bereit, sein Schicksal zu akzeptieren. Er versuchte, nach Babylonien zu gehen, vielleicht um sich dort Unterstützung für eine Rückeroberung des Thrones zu verschaffen, was aber aus uns unbekannten Gründen scheiterte. Daraufhin scheint er nach Mira in Westkleinasien gebracht worden zu sein, unter Umständen war er auch eine Zeitlang nach Zypern verbannt. Selbst Ramses II. schaltete sich in die Affäre ein und versuchte, den ehemaligen Großkönig Mursili nach Ägypten zu holen. Offiziell schrieb er nach Hattusa, daß ihm das nicht gelungen sei, aber ein Briefentwurf, der sich in den hethitischen Archiven erhalten hat, bezeugt, daß man dort davon ausging, daß sich Mursili tatsächlich bei Ramses II. aufhielt. Dies war dann aber bereits einige Jahre später, lange nach dem Vertragsabschluß der beiden Großmächte, deren Verhältnis von diesen innerhethitischen Wirren scheinbar unbelastet blieb.

Hattusili III. Hattusili hatte bereits als Truppenkommandeur am Feldzug seines Bruders Muwatalli II. gegen die Ägypter teilgenommen. Ihm war bewußt, wie wichtig es für ihn sein konnte, gerade zu Ramses II. ein gutes Verhältnis zu haben. Zunächst mußte er aber vor allem seine Position als neuer Regent im Inneren sichern. Die Tatsache, daß sich gleich mehrere Dokumente Hattusilis III. ausführlich mit den Gründen für seinen Putsch und mit seinen Handlungen nach der Regierungsübernahme beschäftigen, unterstreicht das große Bedürfnis, sich selbst für seine Handlungen zu rechtfertigen. Zu den Maßnahmen, die seiner Herrschaftssicherung dienten, zählte auch der Versuch, die Nachkommen seines Bruders Muwatalli, also die eigentlich erbberechtigte Dynastielinie, auf andere Weise abzufinden. In der zeitweiligen Residenzstadt Tarhuntassa wurde ein weiteres erbliches Unterkönigtum nach dem Vorbild von Karkemisch und Halab geschaffen und einem Sohn Muwatallis II. mit Namen Kurunta übertragen. Die Beziehung zwischen Hattusili und Kurunta wurde in einem speziellen Vertrag geregelt, der relativ großzügige Bestimmungen enthielt, die wohl als Entschädigung für den verlorenen Anspruch auf den Thron des Großkönigs gedacht waren. Darüber hinaus versuchte Hattusili III., andere wichtige Personen bzw. Familien des hethitischen Reiches und verschiedene Institutionen durch spezielle Zuwendungen einzubinden. Offenbar mit Erfolg – denn seine weitere Herrschaft sowie die Regelung der Nachfolge scheinen ohne größere Widerstände verlaufen zu sein.

Darstellungen der Taten des Großkönigs in annalistischer Form, wie sie noch Mursili II. hinterlassen hat, haben sich für die jüngeren hethitischen Könige nicht in vergleichbarer Weise erhalten. So lassen sich die jährlichen Feldzüge, die wohl auch Hattusili III. wie jeder seiner Vorgänger zur Stabilisierung bzw. Ausweitung der hethitischen Macht unternommen haben muß, im Detail nicht nachvollziehen. Ein Unruheherd scheint weiter im Westen bestanden zu haben, wo Pijamaradu noch immer gegen die Hethiter gerichtete Aktivitäten entfaltete und unter hethitischer Kontrolle stehendes Gebiet angriff. Daraufhin forderte man in Hattusa erstaunlicherweise vom Großkönig von Ahhijawa, der, dem Titel nach zu schließen, inzwischen eine bedeutende Position einnahm und als Oberherr des Pijamaradu galt, dessen Auslieferung. Zunächst hatte Hattusili den Prinzen Nerikkaili und Tuthalija die Aufgabe übertragen, das Problem zu lösen. Als sich Pijamaradu wieder einmal dem hethitischen Zugriff entzog, kam es in der Stadt Milawanda (Milet?) zu einem direkten Zusammentreffen zwischen hochrangigen Hethitern und dem Bruder des Großkönigs von Ahhijawa namens Tawagalawa, möglicherweise eine Form des griechischen Eigennamens Eteokles. Zwischenzeitlich schaltete sich Hattusili III. selbst ein und unternahm einen Feldzug gegen die im Südwesten zu lokalisierenden Lukka-Länder. Sein Hauptinteresse galt aber doch vor allem der Situation in den nordsyrischen Reichsteilen und dem Verhältnis zu den benachbarten Großmächten, bei denen seine Position trotz des Thronraubs unumstritten war.

Angesichts der fortgesetzten Expansionsbestrebungen Assyriens nach Westen und der Erfolge, die Salmanassar I., der Nachfolger Adad-neraris I., dabei erzielte, scheint Hattusili an einem guten Verhältnis interessiert gewesen zu sein; dabei setzte er verstärkt auf diplomatische Mittel und suchte die Unterstützung des babylonischen Königs, der traditionell ein Gegner Assyriens war und für die Hethiter schon aufgrund der geographischen Lage einen natürlichen Verbündeten darstellte. Zeugnisse der diplomatischen Korrespondenz haben sich erhalten, darunter auch das Konzept eines umfangreichen Briefes, der an Kadašman-Enlil II., König von Babylon, gerichtet war. Er gibt einen guten Eindruck von den Ränkespielen der internationalen Politik wieder. Hattusili schreibt dem jungen König unter anderem, daß er, als er vom Tode seines Vaters Kadašman-Turgu I. erfuhr, sich sofort für ihn als Thronfolger eingesetzt habe. Deshalb habe er sich direkt an die Mächtigen in Babylon gewandt und sie ermahnt, den jungen König zu unterstützen, der den Schutz Hattusilis genieße. In diesem Zusammenhang wird auch erwähnt, daß zwischen beiden Ländern ein Vertrag geschlossen worden sei, über den wir aber weiter keine Informationen besitzen. In Babylon führte zu dieser Zeit ein einflußreicher Beamter die Regierungsgeschäfte für den unerfahrenen König, der sich die hethitische Einmischung in innere Angelegenheiten strikt verbat. Hattusili denunzierte ihn deshalb gegenüber seinem Oberherrn als feindselig, nicht ohne darauf hinzuweisen, daß dieser Funktionär eigentlich schon viel zu lange am Leben sei. Dennoch scheint das Verhältnis zwischen beiden Mächten relativ gut gewesen zu sein, so daß man sich der einvernehmlichen Regelung gewisser Details widmen konnte, wie zum Beispiel der Reaktion auf Überfälle auf babylonische Händler in Ländern des hethitischen Machtbereichs wie Ugarit oder Amurru. In späteren Jahren kam es wohl zu einer dynastisch motivierten Heirat zwischen einer babylonischen Prinzessin und einem Sohn Hattusilis III., wodurch vermutlich ein weiterer Vertrag zwischen den beiden Ländern besiegelt werden sollte, der aber nicht überliefert ist.

Wichtiger freilich als die Beziehungen zu Assur und Babylon war die Verständigung mit Ägypten. Eine ganze Anzahl von Dokumenten mit dem Siegel Hattusilis gerade aus den Archiven in Ugarit zeigt, daß er es nicht nur der Sekundogenitur in Karkemisch überließ, die syrischen Gebiete zu verwalten, sondern dort auch persönlich eingriff. In Amurru setzte er gar den alten, von seinem Bruder entmachteten Fürsten Bentesina wieder in die Herrschaft ein, machte ihn darüber hinaus zu seinem Schwiegersohn und schloß einen speziellen Vasallenvertrag mit dem neuen alten König von Amurru, der in einer besonderen persönlichen Beziehung zu Hattusili III. stand. Damit band er Amurru, dessen Seitenwechsel die letzte große militärische Auseinandersetzung mit Ägypten ausgelöst hatte, fest an Hattusa und sicherte sich eine gute Verhandlungsposition. Die wachsende Bedrohung durch Assyrien mag eine Rolle gespielt haben, daß es schließlich im 21. Regierungsjahr Ramses' II. zum Abschluß eines auf Gleichberechtigung beider Parteien beruhenden Staatsvertrags zwischen Hethitern und Ägyptern kam, in dem sich beide ihre jeweiligen Einflußgebiete garantierten, einen Nichtangriffspakt schlossen und sich gegenseitige Hilfe gegen Feinde von außen und innen zusicherten. Gerade letzteres wird für Hattusili III. besonders wichtig gewesen sein, da er sich angesichts der Aktivitäten des ehemaligen Großkönigs Mursili III. und der Nachkommen seines Bruders Muwatalli II. nie völlig sicher fühlen konnte, was seine eigene Herrschaft und die zukünftige Regierungsübernahme seines zum Thronfolger designierten Sohnes Tuthalija anging. In den auf den Vertragsschluß folgenden Jahren tauschten Hattusili, aber auch seine Gattin Puduhepa, und der Pharao Ramses II. regelmäßig Briefe und pflegten ein schon fast freundschaftliches Verhältnis. Es kam zu einer weiteren dynastisch motivierten Ehe – die älteste Tochter Hattusilis wurde mit Ramses verheiratet, ägyptische Ärzte reisten nach Hattusa, wo sich eine Schwester Hattusilis Hilfe von ihnen erhoffte, nochmals im fortgeschrittenen Alter von über 50 Jahren Mutter werden zu können. Selbst ein persönliches Treffen der beiden Herrscherpaare war geplant, kam aber nie zustande. Soweit scheint das Vertrauen dann doch nicht gereicht zu haben, und vor allem fand Hattusili immer wieder Ausreden, warum es ihm nicht möglich sei, die lange Reise nach Ägypten anzutreten.

So erfolgreich und unumstritten Hattusili III. vor allem in der zweiten Hälfte seiner Regierungszeit war, so war diese doch eine Phase innerhalb der hethitischen Geschichte, in der sich Entwicklungen verstärkten, die letztlich mitentscheidend für den Untergang des hethitischen Reiches werden sollten. Die zentrifugalen und partikularen Tendenzen nahmen zu, da die ursprünglich von Suppiluliuma I. eingerichteten Sekundogenituren zunehmend ihre Eigenständigkeit und durch eine eigene dynastische Tradition auch ein entsprechendes Selbstbewußtsein entwickelten. Mit dem Königtum von Tarhuntassa war ein weiterer Teil des hethitischen Reiches ein eigenständiges Königtum geworden, das aber nicht weiter in der Peripherie angesiedelt, sondern unmittelbar dem hethitischen Kernland in Anatolien benachbart war. Zudem konnte die dort installierte Herrscherlinie auf eine Legitimation verweisen, die nicht auf Hattusili angewiesen war, was im übrigen auch für die Könige in Karkemisch galt. Hinzu kam die außenpolitische Lage, in der mit Assyrien im Osten und Ahhijawa im Westen zwei an friedlicher Koexistenz offenbar wenig interessierte Mächte ihren Einfluß kontinuierlich ausdehnten.

4.3. Vor dem Zusammenbruch (ca. 1240–1190)

Tuthalija IV. und Kurunta Das genaue Jahr des Todes von Hattusili III. ist nicht sicher überliefert, läßt sich aber auf die Zeit nach dem 42. Jahr der Regierung Ramses' II. und noch während der Regierung Salmanassars I. von Assyrien, also zwischen 1238 und 1235 v. Chr., eingrenzen. Die Machtübergabe war gut vorbereitet und der Thronfolger bestimmt. Warum ein ursprünglich designierter älterer Bruder durch Tuthalija ersetzt wurde, ist nicht klar. Zu Beginn seiner Regierung war die Königinwitwe Puduhepa nach hethitischer Tradition noch weiter aktiv, was den Übergang zusätzlich abgesichert hat. Dennoch fällt auf, daß verschiedene Funktionärsgruppen einen besonderen Eid auf den neuen König leisten mußten. Ein überdies eindrucksvolles Dokument aus der Regierungszeit Tuthalijas IV. ist ein Vertrag mit Kurunta von Tarhuntassa, also einem Nachfahren Muwatallis II. und potentiellen Konkurrenten um den Großkönigsthron.

Der Text ist nicht nur aufgrund seines Inhaltes so ungewöhnlich, sondern stellt das bisher einzig erhaltene Exemplar einer Metalltafel dar, deren Existenz verschiedentlich in den Quellen bezeugt ist, von denen sich aber sicherlich schon wegen des Materialwertes sonst kein weiteres erhalten hat. Einleitend geht der Vertrag auf das enge persönliche Verhältnis zwischen Tuthalija und Kurunta ein und betont besonders die Freundschaft, die sie seit ihrer Jugend verband. Im Vertragstext wird dies so

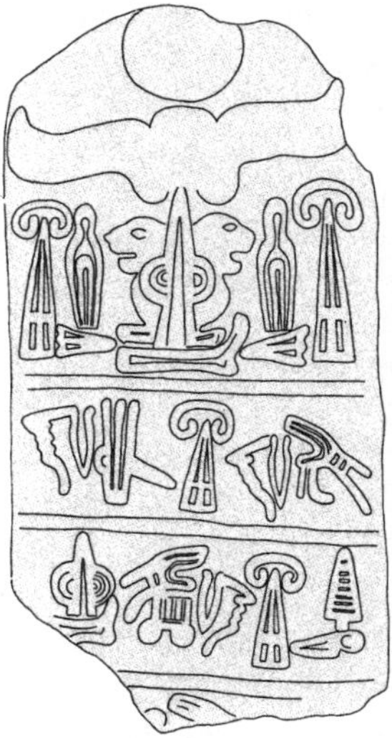

Stele des Großkönigs Tuthalija IV. mit seiner Genealogie in luwischen Hieroglyphen

geschildert: «Bevor ich, Tuthalija, der Großkönig, König geworden war, da hatte die Gottheit mich und Kurunta bereits in Freundschaft zusammengeführt. Und wir waren uns schon damals wert und gut. Und wir waren gegenseitig Eidbrüder: ‚Der eine schütze den anderen!'» Auffallend sind die großzügigen, für Kurunta sehr günstigen Regelungen, die der Vertrag enthält und die mit einer ausdrücklichen protokollarischen Sonderstellung verknüpft sind, die bisher allein dem König von Karkemisch zustand. Eine detaillierte Beschreibung der Grenzen definiert das Herrschaftsgebiet von Tarhuntassa, und die Anzahl der Abgaben oder die Truppenstellung im Falle von Konflikten werden geregelt, wobei alle Veränderungen gegenüber älteren Verpflichtungen nun zuungunsten Hattusas ausfallen. Dies kann als deutliches Zeichen gewertet werden, daß die Position des Großkönigs geschwächt war und er weitere Zugeständnisse machen mußte. Diesen Eindruck unterstreicht noch das hethitische Felsrelief von Hatip bei Konya, das die hieroglyphische Beischrift «Kurunta Großkönig» trägt. Und zudem fanden sich in Hattusa selbst einige Siegelbullen des Kurunta, auf denen er ebenfalls den Großkönigstitel führt. Nach dem bisherigen Wissensstand, soweit dieser die Abfolge der Großkönige von Hattusa von Hattusili III. bis zum Ende des Hethiterreiches betrifft, scheint jedoch keine Möglichkeit zu bestehen, einen weiteren Großkönig einzuschieben; die naheliegendeste Erklärung für einen Großkönig Kurunta stellt deshalb ein Interregnum dar, wahrscheinlich während der Regierungszeit Tuthalijas IV., der gegen 1220 gestorben ist, so daß während einer gewissen Zeit innerhalb seiner Regierungsspanne die Herrschaftsgewalt faktisch bei Kurunta gelegen haben müßte.

Dies war einer der Gründe, weshalb man noch bis vor kurzem eine Verbindung zwischen der Baugeschichte insbesondere der Oberstadt von Hattusa und möglichen internen Kämpfen sehen wollte. Solche militärischen Auseinandersetzungen hätten einen möglichen Grund für die scheinbar relativ schnell aufeinanderfolgenden Bauphasen gerade auch im Bereich der Stadtmauer liefern können. Nach den jüngsten archäologischen Erkenntnissen ist diese Ansicht jedoch nicht mehr haltbar, da auch das Areal der Oberstadt schon lange vor dem 13. Jahrhundert in den eigentlichen Stadtbereich integriert war und die Befestigungsanlagen ebenfalls deutlich älter sind, womit der vermeintlich enge zeitliche Rahmen für die verschiedenen Bauphasen entfällt und diese auch ohne Annahme einer Zerstörung durch Kämpfe erklärbar sind (vgl. S. 15). So muß also weiter offenbleiben, ob es trotz des Vertrages und der wortreichen Beteuerung einer persönlichen Freundschaft zwischen Tuthalija IV. und Kurunta dennoch zu einem direkt ausgetragenen Machtkampf kam. Letztlich hätte Tuthalija IV. dann wohl doch die Oberhand behalten, aber über das Ende Kuruntas und die weitere Entwicklung in Tarhuntassa schweigen die Quellen bisher.

Aufgrund der Schwierigkeiten bei der Datierung einer ganzen Reihe von Dokumenten aus der zweiten Hälfte des 13. Jahrhunderts läßt sich auch die außenpolitische Situation nur in groben Zügen erfassen. Das hethitische Vasallensystem scheint im wesentlichen noch intakt gewesen zu sein. Zudem zeigt eine ganze Reihe von Dokumenten, nicht nur aus Hattusa, sondern auch aus Ugarit, daß Tuthalija IV. immer wieder aktiv in die politische Entwicklung der nordsyrischen Reichsteile eingriff. Daß man sich der zunehmenden Bedrohung durch Assur bewußt war, kann ein interessantes Detail aus einem Vertrag zwischen Tuthalija IV. und Amurru belegen. Die Hethiter forderten von Amurru ein Durchreiseverbot für assyrische Kaufleute, um auf diese Weise Assur den Zugang zum Mittelmeer zu erschweren. Wenn ein in Ugarit gefundener Brief des assyrischen Königs, vermutlich Tukulti-ninurtas I., in diese Zeit zu datieren ist, belegt dieser, daß sich das Verhältnis zwischen den Großmächten bereits massiv verschlechtert hat, denn in dem Brief rühmt sich der assyrische Absender, einem hethitischen Heer in Obermesopotamien eine schwere Niederlage beigebracht zu haben – eventuell regierte da aber auch bereits einer der Söhne Tuthalijas IV. in Hattusa.

Suppiluliuma II. und die Katastrophe Die Ursache bzw. die Ursachen für den Untergang des hethitischen Großreiches sind auch heute alles andere als klar. Ein Grund für diese unbefriedigende Situation ist die mangelhafte Quellenlage.

Arnuwanda III., dem Sohn und direkten Nachfolger Tuthalijas IV., lassen sich bis jetzt keinerlei eigene Dokumente zuordnen, so daß wir die Ereignisse seiner Regierungszeit wiederum aus der Rückschau bzw. aus der Nebenüberlieferung Ugarits und Ägyptens rekonstruieren müssen. Vieles deutet darauf hin, daß sich die Krisensymptome häuften und Arnuwanda, der keine Nachkommen gehabt zu haben scheint, sich im Inneren wie im Äußeren vielen Feinden stellen mußte. Hinzu kam womöglich eine wirtschaftliche Notlage infolge schlechter Ernten und daraus resultierender mangelhafter Versorgung der eigenen Bevölkerung – wenn entsprechende Hinweise aus der Zeit des ägyptischen Pharaos Merneptah (1213–1203) hier einzuordnen sind. Hinweise aus Ugarit, das sich offensichtlich um eine Annäherung an Ägypten bemühte, sprechen ebenfalls für eine zunehmende Schwächung der Machtposition des hethitischen Königs.

Die verschiedenen Entwicklungen, die sich während der letzten Jahre des 13. Jahrhunderts abzeichnen, kulminierten in der Regierungszeit des letzten uns bekannten hethitischen Königs in

Hattusa: Suppiluliuma II., ebenfalls ein Sohn Tuthalijas IV., unternahm nochmals enorme Anstrengungen, die drohende Katastrophe abzuwenden. Die besterhaltene hieroglyphenluwische Inschrift der späten Bronzezeit gibt darüber beredte Auskunft. Der Text wurde in einer kleinen Kammer gefunden, die sich unter dem sogenannten Heiligen Teich in der Oberstadt von Hattusa befand, wo sich Suppiluliuma II. auch in einem Relief darstellen ließ. Nicht alle Details der Inschrift sind völlig klar, aber es wird doch deutlich, daß Suppiluliuma versuchte, im Verlauf eines großen Feldzuges, der ihn über Westkleinasien schließlich bis in die erst eine Generation zuvor eingerichtete Sekundogenitur von Tarhuntassa führte, das auseinanderbrechende Reich zu stabilisieren. Tarhuntassa – so scheint es aufgrund des Textes – hatte sich offen gegen den Großkönig von Hatti gestellt, konnte jetzt aber, d.h. wohl kurz nach 1200 v. Chr., nochmals militärisch unterworfen werden. Es herrschte also offener Bürgerkrieg, und vielleicht hatte sich deshalb auch die wirtschaftliche Situation bedrohlich verschlechtert. Manches spricht dafür, daß Suppiluliuma II. mit seinem Sieg allerdings nur einen vorübergehenden Erfolg verbuchte, der den Untergang der einstigen Großmacht allenfalls um einige Jahre hinausschieben, aber nicht mehr verhindern konnte.

Insgesamt war die Situation für den hethitischen König sehr kritisch. Im Inneren war das Land durch Mißernten und mangelnde Versorgung so geschwächt, daß man sich um Hilfe an Ägypten wenden mußte. Die durch den Sturz des rechtmäßigen Königs Mursili III. durch seinen Onkel Hattusili III. verursachte Legitimationskrise des Königtums in Hattusa war nicht dauerhaft gelöst, sondern verstärkte sich vielmehr in den folgenden Generationen weiter. Der Versuch, die eigentlich zur Herrschaft bestimmte Familienlinie mit einer eigenen Sekundogenitur abzufinden, erwies sich auf lange Sicht als kontraproduktiv und schwächte zunehmend die Machtbasis der in Hattusa herrschenden Linie, so daß schließlich der offene Konflikt zwischen beiden Familienzweigen ausbrach. Zudem verschob sich auch international die Machtbalance immer deutlicher zuungunsten der Hethiter, und es kündigte sich mit dem

Aufstieg der mächtigen Könige der mittelassyrischen Dynastie an, daß das 12. Jahrhundert assyrisch dominiert werden würde.

Suppiluliuma II. war zwar nominell der letzte Großkönig, der in Hattusa herrschte, doch seine Stellung als alleiniger Herrscher des hethitischen Reiches war offenbar bereits in seiner engsten Umgebung sehr umstritten. Aus seiner Regierung hat sich die Eidesleistung eines hohen Beamten erhalten, der sich darüber beklagt, daß es angesichts der konkurrierenden Dynastielinien für die Untertanen kaum mehr zu entscheiden sei, wem eigentlich die Loyalität zu gelten habe. Ferner belegt ein Vertrag mit Talmi-Tessub, dem aktuellen König von Karkemisch, bereits dessen weitgehende Unabhängigkeit gegenüber der Zentralgewalt in Hattusa. An verschiedenen Fronten waren Feldzüge notwendig, um das Vasallensystem aufrechtzuerhalten. Das gesamte Staatensystem der vorderasiatischen Welt stand vor dem Umbruch, für den auch der nach ägyptischen Quellen sogenannte Seevölkersturm mitverantwortlich war. In einem Brief, den der König von Alasija, d. h. von Zypern, an den König von Ugarit geschrieben hat, wird vor den Schiffen gewarnt, die den gesamten östlichen Mittelmeerraum in Unruhe versetzten. Ein hethitischer Text berichtet gar von einer Seeschlacht bei Alasija. Wer diese Seevölker – eine mehr oder weniger lockere Sammlung unterschiedlicher Bevölkerungsgruppen, die um 1200 herum eine Art Völkerwanderung auslösten – eigentlich waren, ist bis heute nicht völlig geklärt, insbesondere ist fraglich, was die Ursache für diese Wanderbewegung eigentlich gewesen sein könnte. Man hat einen möglichen Grund im Zusammenbruch der durch die Hethiter geschaffenen politischen Ordnung Westkleinasiens sehen wollen. Aber genausogut wäre möglich, daß diese dem Eindringen immer neuer Bevölkerungsgruppen nicht standgehalten hat, so daß in der Folge die vom Balkan kommenden Phryger nach Kleinasien vordringen konnten. Manches spricht dafür, daß Teile der an der Wanderung beteiligten Völker aber auch schon früher vor allem im Westen Kleinasiens beheimatet waren und andere Gruppen sich erst im Verlauf angeschlossen haben. Teilweise fuhren sie auf Schiffen über das Meer, teilweise waren sie auf dem Landweg mit Vieh und Wagen unterwegs, bis schließlich erst Ramses III. (1180) in einer großen Schlacht diesen Zug zum Stehen brachte. Glaubt man den Darstellungen auf den ägyptischen Reliefs, dann handelt es sich tatsächlich vielmehr um eine Völkerwanderung mit Frauen und Kindern und allem Hab und Gut als um einen Kriegszug, wobei sich eine ganze Reihe unterschiedlicher Gruppen nach Kleidung, Haartracht und anderen Eigenheiten unterscheiden läßt.

Lange Zeit hat man angenommen, daß zumindest ein Teil dieses Völkerstromes auch durch das Innere Anatoliens gezogen wäre und dabei die hethitische Hauptstadt selbst sowie andere Städte mehr im Bereich der Levante erobert und zerstört hätte. Inschriftliche Quellen gibt es indes hierfür keine, und die archäologischen Indizien werden heute anders interpretiert. Danach gab es keine gewaltsame Zerstörung Hattusas, sondern einen Rückgang der Besiedlung, für den aller Wahrscheinlichkeit nach der Verlust der Funktion als Hauptstadt eines großen Reiches als Ursache anzusehen ist. Zwar sind viele der offiziellen Bauten Hattusas tatsächlich durch Brand zerstört worden, aber die ungewöhnliche Fundleere wird vom langjährigen Ausgräber J. Seeher als Indiz für eine systematische Ausräumung der Tempel und Verwaltungsgebäude interpretiert, die also aufgegeben und nicht mehr ihrer ursprünglichen Bestimmung entsprechend verwendet wurden. Auch sein Vorgänger, P. Neve, hatte bereits festgestellt, daß die Mehrzahl der Tempel im Oberstadtbereich frühzeitig nicht mehr ihrem eigentlichen Funktionszweck nach genutzt wurden. Es spricht alles dafür, daß der letzte uns aus den Quellen der Stadt bekannte König Suppiluliuma II. zusammen mit vielen Offiziellen die Residenz verlassen hatte und die Stadt danach sehr schnell immer weiter verfiel, und zwar noch bevor es zu gewaltsamen Zerstörungen in der Stadt kam. Erhebliche Teile des Stadtareals blieben ungenutzt, so daß einzelne Tore zugemauert wurden, ganze Gebäude verfielen oder von der einfachen Bevölkerung übernommen wurden. Nur so ist zu erklären, daß in ehemaligen Tempelbauten jetzt sogar Werkstätten eingerichtet wurden oder im rein sakralen Bereich des zentralen Tempelviertels profane Wohnbauten nachweisbar sind, die in die späteste Phase der Stadt zu datieren sind.

Entgegen älteren Annahmen war damit aber die Geschichte der Stadt vorerst nicht völlig zu Ende. Archäologische Untersuchungen haben gezeigt, daß weniger auf dem alten Burgberg von Büyükkale, sondern vielmehr auf dem benachbarten Höhenzug von Büyükkaya eine eisenzeitliche Siedlung entstand, von der ausgehend sich in sehr begrenztem Umfang auch an anderen Stellen der ehemaligen Residenzstadt kleinere Siedlungen bildeten. Am erstaunlichsten ist dabei nicht, daß das kulturelle Niveau gegenüber dem hethiterzeitlichen Standard massiv abfällt – so wirkt die Architektur insgesamt recht primitiv, die Keramik wird ohne Töpferscheibe produziert und ist rein lokal, und für die Verwendung von Schrift besteht bei diesen Umständen erst recht kein Bedarf. Am erstaunlichsten ist vielmehr, daß die gesamte materielle Hinterlassenschaft deutliche Bezüge zur frühen und mittleren Bronzezeit aufweist, also zu den lokalen einheimischen Traditionen vor dem Aufschwung der hethitischen Kultur, als hätten diese sozusagen unter der Oberfläche des blühenden hethitischen Staates – sei es im ländlichen Raum oder in abgelegenen Regionen – immer weiterexistiert, so daß nach dem Verschwinden der hethitischen Oberschicht mit ihren kulturellen Errungenschaften die einheimische Bevölkerung einfach dort wieder anknüpfte, wo die Entwicklung Jahrhunderte zuvor eine ganz andere Richtung genommen hatte.

5. Spätphase und Nachwirkungen

Mit dem Zusammenbruch der Einheit des hethitischen Territorialstaates endet auch die unmittelbare schriftliche Überlieferung der hethitischen Archive; nur punktuell und in sehr beschränktem Maße läßt sich die hethitische Geschichte nach dem Ende des Großreiches weiterverfolgen. Hinzu kommt, daß mit dem Zusammenbruch der staatlichen Macht nicht nur der Hethiter, sondern auch des ägyptischen Reiches der 19. Dynastie die gesamte politische Ordnung im Bereich Nordsyriens und Palästinas sich nachhaltig veränderte und bis auf die phönizischen Handelsstädte wie Byblos, Tyron oder Sidon ganz neue politische Kräfte entstanden, die eher den Zuschnitt von Stadtstaaten erkennen lassen und offenbar nur eine begrenzte regionale Bedeutung erlangten. Von den meisten war in historischer Hinsicht wenig mehr bekannt als der Name selbst und der ihrer Herrscher. Von Norden nach Süden wären etwa Tabal, Melid, Gurgum, Sam'al, Kummuchu, das alte Karkemisch, Bit-Adini mit seinem Zentrum Til Barsip, Bit Agusi, Hamath und schließlich das alte Israel mit seinen Nachbarstaaten zu nennen. Im nördlicheren Bereich fand das hethitische Erbe eine direkte Fortsetzung, auch wenn der aramäische Einfluß sich immer stärker bemerkbar machte. Doch teilweise sind die Traditionen so stark, daß man sich im Einzelfalle kaum sicher sein kann, ob bei einem Relief mit hieroglyphenluwischer Inschrift nur Jahrzehnte oder doch zwei bis drei Jahrhunderte Abstand zum Ende des hethitischen Großreiches bestehen. Namen und Titulaturen der meisten Herrscher dieser späthethitischen Staaten schließen sich eng an die Traditionen der Großreichszeit an. Und insbesondere der jüngst ausgegrabene Tempel des Wettergottes in Aleppo oder die Funde von Ain Dara belegen die Kontinuität im Bereich der materiellen Kultur eindrucksvoll.

Die Traditionslinie zwischen den Großkönigen von Hatti und den späthethitischen Königen läßt sich am besten in Karkemisch fassen, wo der letzte König der einstmals von Suppiluliuma I. eingesetzten Dynastie, Kuzi-Tessub, fünf Generationen später selbst den Großkönigstitel führte. Auf diesen Kuzi-Tessub als ihren Großvater führten sich dann wiederum zwei «Großkönige» von Malatija zurück. Mit diesen begann eine Reihe von Herrschern von Malatija, die bis weit in das 11. Jahrhundert hinein regiert haben müssen und sich selbst offenbar als Erben des Großkönigtums von Karkemisch verstanden.

Ein entscheidender Bruch zeigt sich freilich in der schriftlichen Überlieferung, da auch im nordsyrischen Bereich wie im eigentlichen Zentrum des hethitischen Staates in Anatolien selbst die Keilschrift, zumindest soweit wir bisher wissen, völlig aufgegeben wurde, so daß wir über keinerlei Textarchive verfügen, sondern nur über die meist historisch wenig ergiebigen Bau- oder Weihinschriften in Hieroglyphenluwisch, denen sich immerhin Herrschernamen und Hinweise auf genealogische Zusammenhänge entnehmen lassen. Ein Beispiel ist Karkemisch selbst, wo die späthethitischen Monumente wahrscheinlich erst nach der Wende zum 1. Jahrtausend entstanden sind, mit deren Hilfe sich für die Stadt wieder eine eigene Dynastie rekonstruieren läßt, die sich «Haus des Suhi» nannte; eine jüngere Gruppe von Monumenten wird einer weiteren Familie mit Namen «Haus des Astiruwa» zugeschrieben, die seit dem 9. Jahrhundert die Stadt regiert hat, bis sie 711 v. Chr. von den Assyrern erobert wurde.

Überhaupt sind es vor allem die Quellen aus neuassyrischer Zeit, die historisch relevante Informationen liefern, als die Region in den Fokus der Könige aus Assur geriet. Für die Assyrer galt aber – ganz in der Tradition der späthethitischen Könige von Karkemisch, die den Titel «König von Hatti» führen – dieser nordsyrische Raum schon seit Tiglatpileser I. als das Land Hatti: eine Bezeichnung, die in späterer Zeit, als mit Adad-nerari II. (911–891) Assur zu einem Weltreich zu werden begann, auch auf Syrien und Palästina ausgedehnt wurde. Dieses Verständnis liegt auch der Erwähnung von «Hethitern» in der Bibel zugrunde und hat nichts mehr mit einer ursprünglich kleinasiatischen Herkunft zu tun.

So fielen nach und nach die späthethitischen Kleinstaaten an die Assyrer, deren Hinterlassenschaften oft von einer ganz eigentümlichen Mischung sehr unterschiedlicher kultureller Strömungen zeugen. Ein gutes Beispiel hierfür liefern die Reliefs und Inschriften aus Zincirli, die während des 9. bis 8. Jahrhunderts v. Chr., als Sam'al assyrischer Vasall war, entstanden. Die monumentalen Darstellungen der hethitischen Traditionen verbinden sich hier mit phönizisch-aramäischen Inschriften. Die luwischsprachige Bevölkerung dieser Region sah sich im Laufe der Jahrhunderte nach dem Ende des hethitischen Großreiches zunehmend mit der Einwanderung aramäischer Bevölkerungsgruppen konfrontiert. Und während durch die Kombination dieser Traditionen ganz verschiedenen Ursprungs etwas eigentümlich Neues entstand, veränderte sich das politische Umfeld vollkommen. Von Osten drohte die assyrische Expansion, in Anatolien hingegen hatten sich inzwischen die Phryger festgesetzt, die unter ihrem König Mita von Muschki – dem Midas der griechischen Überlieferung – ebenfalls zu einer Macht herangewachsen waren. Am gefährlichsten war jedoch die assyrische Bedrohung; im 9. Jahrhundert gerieten erst einzelne der Staaten unter assyrische Kontrolle, konnten sich aber in kultureller Hinsicht eine gewisse Eigenständigkeit bewahren und sogar auf die Assyrer zurückwirken. Dies war spätestens mit der endgültigen Eroberung durch Salmanassar V. und Sargon II. in der letzten Hälfte des 8. Jahrhunderts vorbei, als mit der Umsiedelung großer Bevölkerungsgruppen auch die letzten Reflexe hethitischer Kultur in Form der hieroglyphenluwischen Schrift, der Architektur und der Monumentalkunst, Jahrhunderte nach dem Ende des hethitischen Großreiches, für immer verschwanden. Nur der aramäische Anteil der späthethitischen Traditionen sollte sich als vitaler erweisen und selbst die assyrischen Eroberer überdauern. Allein in der Bibel fand die Erinnerung an die Hethiter noch einen Platz, an dem sie weiter lebendig blieb.

Literaturhinweise

S. Alaura, *«Nach Boghasköi!». Zur Vorgeschichte der Ausgrabungen in Boğazköy-Hattuša und zu den archäologischen Forschungen bis zum Ersten Weltkrieg,* Münsterschwarzach Abtei 2006.

G. Beckman, *Hittite Diplomatic Texts*, Atlanta 1996.

K. Bittel, *Die Hethiter: Die Kunst Anatoliens vom Ende des 3. bis zum Anfang des 1. Jahrtausends vor Christus*, München 1976.

T. Bryce, *Life and Society in the Hittite World*, Oxford 2002.

W. Burkert, *Die Griechen und der Orient*, München ²2003.

V. Haas, *Geschichte der hethitischen Religion*, Leiden – New York – Köln 1994.

J. D. Hawkins, The Neo-Hittite States in Syria and Anatolia, in: *Cambridge Ancient History III/1,* Cambridge 1982, 372–441.

J. D. Hawkins, *Kuzi-Tešub and the «Great Kings» of Karkemiš,* Anatolian Studies 38, 1988, 99–108.

Die Hethiter und ihr Reich. Das Volk der 1000 Götter, Ausstellung Bonn 18. Januar–28. April 2000, Kunst und Ausstellungshalle der Bundesrepublik, Ausstellungskatalog, Darmstadt 2002.

H. A. Hoffner jr., *The Laws of the Hittites*, Leiden 1997.

H. A. Hoffner jr., *Hittite Myths* (Writings from the Ancient World 2), Atlanta 1998.

E. Hornung, R. Krauss, D. A. Warburton (Hrsg.), *Ancient Egyptian Chronology* (=Handbook of Oriental studies, section 1, vol. 83), Leiden 2006.

B. Hrouda (Hrsg.), *Der Alte Orient. Geschichte und Kunst des alten Vorderasiens*, Gütersloh 1991.

H. Klengel (Hrsg.), *Kulturgeschichte des alten Vorderasien*, Berlin 1989.

H. Klengel, *Geschichte des hethitischen Reiches*, Leiden – Boston – Köln 1999.

H. Klengel, *Hattuschili und Ramses. Hethiter und Ägypter – ihr langer Weg zum Frieden,* Mainz 2002.

W. L. Moran, *The Amarna Letters*, Baltimore 1992.

P. Neve, *Hattuša. Stadt der Götter und Tempel,* Mainz 1993.

P. Neve, *Hattuscha Führer. Ein Tag in der hethitischen Hauptstadt*, 2. überarb. Auflage, Istanbul 2005.

M. P. Streck (Hrsg.), *Sprachen des Alten Orient*, Darmstadt 2005.

Chr. Ulf (Hrsg.), *Der neue Streit um Troia. Eine Bilanz*, München ²2004.

Kl. R. Veenhof, *Geschichte des Alten Orients bis zur Zeit Alexanders des Großen*, Göttingen 2001.

W. G. E. Watson, N. Wyatt (Hrsg.), *Handbook on Ugaritic Studies*, Leiden 1999.

G. Wilhelm, *The Hurrians*, Warminster 1989.

Königslisten und Chronologie

Von den Anfängen bis zum Beginn der Großreichszeit

Daten	*Könige*	*Synchronismen*
	Anitta	Samsi-Addu [1748–1712] Hammurapi [1728–1686]
nach 1600	1. Labarna	
	2. Hattusili I.	Tunip-Tessub
1531 Babylonzug	3. Mursili I.	Samsuditana
	4. Hantili I.	[1562–1531]
	5. Zidanta I.	
	6. Ammuna	
	7. Huzzija I.	
nach 1500	8. Telipinu	Isputahsu
	9. Tahurwaili	
	10. Alluwamna	
	11. Hantili II.	
	12. Zidanta II.	Idrimi
	13. Huzzija II.	
	14. Muwatalli I.	
	15. Tuthalija I.	Šunaššura
	16. Arnuwanda I.	
	17. Tuthalija II.	Amenophis III. [1390–1353]

Vom Beginn der Großreichszeit bis zum hethitischen Untergang

Daten	*Könige*	*Synchronismen*
ca. 1355–1321	18. Suppiluliuma I.	Amenophis IV. [1353 – 1336] Tuschratta Aššur-uballiṭ I. [1353 – 1318] Burnaburiaš II.
	19. Arnuwanda II.	
ab 1321/1308	20. Mursili II.	Adad-nerari I. [1295 – 1264]
1275 Qadesch	21. Muwatalli II.	Ramses II. [1279 – 1213]
	22. Mursili III.	
ca. 1265–1235 1259 Vertrag	23. Hattusili III.	Salmanassar I. [1263 – 1234] Kadašman-Turgu I. Kadašman-Enlil II.
	24. Tuthalija IV.	Ramses II.
	25. Kurunta (?)	Tukulti-ninurta I. [1233 – 1197]
	26. Arnuwanda III.	
um 1200	27. Suppiluliuma II.	Merneptah [1213–1203]

Register

Bildnachweis

Vordere und hintere Umschlaginnenseite, S. 17: Peter Palm, Berlin
S. 63: Aus Klengel (1999), Abb. 53; Photo: P. Neve
S. 64: Aus H. Otten, *Zu einigen Neufunden hethitischer Königssiegel,* (AkWisseLit AbhGeistSozialwissKlas 13) Stuttgart 1993, Abb. 17
S. 82: Aus ebd., S. 138, Abb. 71 b
S. 85: Aus S. Herborth, *Die Prinzen- und Beamtensiegel des Hethitischen Großreichs auf Tonbullen aus dem Nisantepe-Archiv,* S. 38 a
S. 96: Archiv des Autors
S. 113: Aus Neve (1993), S. 34, Abb. 85; Umzeichnung: J. D. Hawkins